# 大中小学心理健康模式

# 整合分析

林冰 著

北方文艺出版社

哈尔滨

**图书在版编目（CIP）数据**

大中小学心理健康模式整合分析 / 林冰著 . -- 哈尔滨：北方文艺出版社，2022.6
ISBN 978-7-5317-5607-1

Ⅰ.①大… Ⅱ.①林… Ⅲ.①大学生 - 心理健康 - 健康教育 - 研究②中小学生 - 心理健康 - 健康教育 - 研究
Ⅳ.① G444

中国版本图书馆 CIP 数据核字 (2022) 第 095821 号

大 中 小 学 心 理 健 康 模 式 整 合 分 析
DA ZHONG XIAO XUE XINLI JIANKANG MOSHI ZHENGHE FENXI

作 者 / 林 冰
责任编辑 / 李 萌　　　　　　　　　　　封面设计 / 张顺霞

出版发行 / 北方文艺出版社　　　　　　　邮 编 / 150008
发行电话 / ( 0451 ) 86825533　　　　　 经 销 / 新华书店
地 址 / 哈尔滨市南岗区宣庆小区 1 号楼　　网 址 / www.bfwy.com

印 刷 / 三河市元兴印务有限公司　　　　　开 本 / 710mm×1000mm　 1/16
字 数 / 211 千　　　　　　　　　　　　　印 张 / 14.25
版 次 / 2022 年 6 月第 1 版　　　　　　　印 次 / 2023 年 1 月第 2 次印刷

书 号 / ISBN 978-7-5317-5607-1　　　　　定 价 / 58.00 元

# 前　言

　　心理健康是人在成长和发展的过程中，认知合理、情绪稳定、行为适当、人际和谐、适应变化的一种状态。心理健康，特别是学生的心理健康，已经成为社会日益突出的重大公共卫生问题。随着现代化的发展，大中小学生对周围环境的适应、对人际关系的处理、学习等方面的压力都成百倍地增长。

　　在社会经济迅猛发展的今天，人们在适应现代生活的同时也愈发重视心理健康问题。当今国家大力提倡素质教育，如何有效开展大中小学生的心理健康教育，提高学生的心理素质，已经成为新时期我国高等教育的一个重要课题。在大中小学阶段的成长发展过程中，学生由于心理活动状态的不稳定性、认知结构的不完备性、生理成熟与心理发展的不同步性、对社会和家庭叛逆及依赖的冲突、成就感与挫折感的交替等，个体的焦虑情绪较重。同时，由于大中小学生的自我意识脆弱、生活阅历较少、抗挫折能力较弱，因而更易产生心理问题。

　　本书首先对我国大中小学生心理健康水平和心理健康教育的模式进行了简要叙述；其次以心理健康的基本理论为前提，对现存的大中小学心理健康模式进行了分析，并做了总结与反思。最后从大学和中小学两方面出发，分别对大、中小学心理健康教育的模式进行了探索，旨在为大中小学的心理教学与实践提供一些参考。

作者

2020 年 11 月

# 目 录

# 第一章

# 心理健康教育模式概述

模式是理想与现实的媒介，也是观念理性与经验理性的媒介。模式研究是现代科学研究的一种重要方法。用模式方法去分析问题、简化问题，有利于更好地解决问题。心理健康教育模式是心理健康教育理论与实践相结合的产物，是心理健康教育理论应用于心理教育实践的中介环节和桥梁。探讨心理健康教育模式的建构，对于促进心理健康教育的科学发展很有现实意义，而且可以在一定程度上突破心理健康教育理论脱离实际的局限。

# 第一节　心理健康教育模式的建构与分化

## 一、心理健康教育模式的含义

"模式"的英文概念，可以分别选取两个英文词汇与之相对应。一是"model"，即"模型、原型、样式、假设模型"，其通俗意义指可以模仿学习的"典范""范例"，它是一个完整的"组织"，包含许多"部分"，却不是"部分"的零散聚合，而是一个有机的整体。二是"paradigm"，译为"派典"，又称"范例、样式、范式"，它不是理论本身的内容，而是理论所揭示的思考方式（ways of thinking）或研究框架（patters for research）。无论选取哪一个英文词汇，所用的中文"模式"一词，都不是原型本身，而是一个概念性的整体结构，是一种概念框架，是一组观念、价值和规则，由它们指导着有特定信念和价值取向的行动。所以，模式的概念本意为"共同显现"，即创造某种模式的一群人有相同的信念、相同的探索目标、相同的研究方式，是一个"科学共同体"，它的主要特征是：撇开事物次要的、非本质的部分，抽出事物主要的、有特色的部分进行研究。

心理健康教育模式是在一定的心理健康教育理念指导下，对心理健康教育过程及其组织形式进行特征鲜明的简要表述。所谓建构学校心理健康教育模式，就是在现代教育理论指导下，为实现学校素质教育的总目标而建立一种心理健康教育的结构和程序，或总结实施心理健康教育的经验，创造新的心理健康教育模式。心理健康教育模式上承教育理论，下推操作程序，体现为理论与实践的沟通，从某种意义上说是现实与未来的沟通。一种行之有效的心理健康教育模式具有较大的推广价值，比心理健康教育理论更具可操作性，而比心理健康教育实践经验更具外推性。从这个意义上说，学校实施心理健康教育的过程，也就是构建学校心理健康教育模式的过程。只有关注心理健康教育模式的研究，心理健康教育的发展才可能有理论提升的希望和实践进步的辉煌。

## 二、心理健康教育模式的建构

系统科学的整体性原理表明，心理健康教育模式是一个有机的整体，模式的性质、特点和功能都是由这个整体决定和体现的。系统的要素既有自己独立存在的特点、功能，又相互联系、连接，共同构成新的整体，产生新的特点和功能。各要素之和要尽可能接近整体的关键，就是各要素之间经过优化选择，并匹配、组合得当。建构心理健康教育模式，要具备哪些最基本的条件呢？第一，内在的基本要素是明确的；第二，具有范型意义的教育活动及其具体类型；第三，探索、形成并筛选出一批具体可感的操作策略。

心理健康教育模式的建构过程正是对各种价值观、教育观等进行审视、选择、认同、整合并不断体系化的过程。它是把心理健康教育实施过程当作一个系统的整体性建构，强调心理健康教育的操作策略和全部教育因素的有效组合。一般而言，主要从四对常用范畴（维度）来阐释和把握心理健康教育模式建构的方法论思想，即整体性与单项性的建构、结构性与功能性的建构、事实性与价值性的建构、科学性与人文性的建构。

心理健康教育模式的建构一般有三种思路：一是从心理健康教育实践开始，通过大量的观察，从多种教育实践中进行比较，在这个过程中就会产生心理健康教育模式的想象与创生；二是从心理健康教育理论出发，从心理健康教育理论语言开始，借鉴相关理论概念后产生；三是从心理健康教育理论与实践的结合中产生，这种思路尤其适合具有较高理论素养的心理健康教育实践者和具有丰富实践经验的心理健康教育研究者。

心理健康教育模式的建构大致可以概括为两类方式：一类是从实践中概括形成，这种模式大多来自心理健康教育第一线教师的探索实践，其模式建构的实践基础较好，但随机性较大、理论基础较弱，属于自发形成的心理健康教育模式；另一类是将理论模型作为起点，结合心理健康教育实践所形成的模式，这种模式大多由心理健康教育理论工作者和实践工作者共同完成，其理论指导性较强。从心理健康教育理论建设的高度来看，更应强调第一类心理健康教育模式的建构方式，因为只有在科学的心理健康教育理论指导下，在扎实的心理健康教育实践基础上形成的心理健康教育模式，才能更好地适应我国学校心理健康教育实践和发展的要求。

心理健康教育模式的建构要具有本土特色、较高的理论起点和较强的实操性。有的学者认为建构教育模式存在三级水平："第一级是低水平，其特点是缺乏理论，照搬模式，盲目实践；第二级是中水平，其特点是了解理论，学习模式，重视经验；第三级是高水平，其特点是研究理论，探索模式，指导实践。"无疑，心理健康教育模式的建构应当着眼于第三级水平。心理健康教育模式的建构，是一个广阔的、综合的理论与实践领域，存在着不同的学科视野、价值取向和表现形式。从我国心理健康教育的实际和实践出发，可以从不同的维度去把握心理健康教育的模式，如从内容维度、形式维度、对象维度、年龄维度、目标维度、策略维度等。按照大心理教育观，可以从宏观、中观、微观三个层次上研究心理健康教育模式：宏观上研究心理健康教育的发展战略模式，中观上研究心理健康教育系统的管理模式，微观上研究各级各类学校心理健康教育教学的过程模式。此外，还可以从认识论、教学论、课程论、价值论、方法论等方面研究心理健康教育模式。本书主要从中观和微观上探讨心理健康教育模式。

## 三、多元分化的心理健康教育模式

心理健康教育模式研究的意义就在于用分类、结构或类型的方式为心理教育实践提供知识和行动的基础。英国教育管理学专家托尼·布什（Tony

Bush）在讨论教育管理模式时认为，为了使教育理论能够为教育实践所接纳，"有必要对这些理论进行相对的集中和归类，从而使真正不同的理论能够清晰而独立地呈现出来"。"为了更好地理解这样繁多的理论模式，我们有必要按照一定的条理来思考，并对这些理论进行必要的分类。"在教育实践中，心理健康教育模式正走向多元的分化。

有学者认为，国内外采用的心理健康教育模式大致可以分为四类：以消除心理疾患为目标，采用心理治疗方法的医学模式；以改善心理障碍和行为障碍患者的社会适应性为目标，采用活动法或脱敏法等行为矫正技术的社会学模式；以学生的自我发展为目标，采用心理辅导法的教育学模式；以解决或消除某一方面、某一层面的心理问题为目标，采用专门的心理咨询或辅导的心理学模式，心理学模式又分为行为模式、认知模式、人本模式。显然，这是从学科分化的视野来划分心理健康教育模式的类型。

有学者认为，立足于加强社会大众的心理健康，提高个人适应生活的能力，尽量创造有利于个人心理健康发展的社会环境，从有效途径方面可以将心理教育（心理健康）划分为四种模式：一是社会学模式，从社会文化层面来增进大众的心理健康，处理与预防社会变迁导致的社会问题；二是心理学模式，强调个人生活适应功能，增进对健康人格发展的认知，培养良好习惯，减少不良适应等；三是精神医学模式，采取三级预防措施，为个人提供临床精神医学的专业服务，预防不健康心理的产生；四是教育学模式，通过教育的历程引导人养成良好的习惯，指导正确的价值判断，学习为人处世之道及适应环境的技能，从而维护个人的身心健康，使其享受幸福美满人生。

也有学者认为，现阶段我国各级各类学校探索的心理健康教育模式主要有六种：一是从课程学的高度进行探究的课程模式；二是以组织活动为中心，旨在训练和开发学生心理机能的活动模式；三是在常规的教育、教学活动中注重帮助学生提高各种认知技能、情意和人格特质，完善心理机能的渗透模式；四是针对青少年学生身心发展需要，以生理与心理教育为重心的青春期教育模式；五是以预防心理障碍与疾病的产生、调控心理问题发展为目标的矫正模式；六是通过建立或健全教育机构来开展心理教育的管理模式。不难看出，这是从心理健康教育的主要载体和基本途径来确定心理健康教育的多样模式。

回顾近30年来的发展历程，可以发现，如同世界上许多发达国家所经历的变化一样，我国心理健康教育的模式也在不断演变、发展，逐步向科学规范的目标迈进。大致说来，其演变历程是：从医学模式向教育模式演变；从分析模式向自主模式演变；从单一模式向复合模式演变；从个别模式向团体模式演变；从障碍模式向发展模式演变。尤其是在当前，发展性心理健康教育将成为我国学校心理健康教育的重点，心理健康教育将由重障碍、重矫正的咨询模式转变为重发展、重预防的教育模式，由服务于少数人转向服务于多数人或所有的人，由少数专业人员从事的工作转变为众多教育、医务、社会工作者共同参与的事业。这将使心理健康教育的发展迈入一个更为广阔的发展阶段。

心理健康教育模式是经常不断地发展变化的，是开放的、发展的、进化的。初级的心理健康教育模式中孕育着高级的模式，高级的心理健康教育模式有待于发展到更高级的模式。探寻和建构一个更理想、更合适的心理健康教育模式，是一个长期的实践过程。在研究和建构心理健康教育模式时，必须同时考虑到：第一，要确立科学的心理健康教育观；第二，要不断提高实际工作者的素质水平；第三，要建立科学的心理健康教育规划和制度。只有将这几方面的工作与建立健全组织机构有机地结合起来，心理健康教育模式才能发挥它应有的作用和功能。

# 第二节　心理健康教育模式的特征与功能

研究当代学生心理健康教育模式，需要对心理健康教育模式的特征、价值和操作策略进行分析，这也是充分认识和科学建构心理健康教育模式的前提条件。

# 一、心理健康教育模式的基本特征

之所以重视心理健康教育模式，并提出积极实践、科学研究的要求，正是因为它具有形成性与功能性的特征。

## （一）心理健康教育模式的形成性特征

### 1. 系统性与独特性

系统性与独特性是指心理健康教育模式特有的性能。它总是比较完整地反映各种心理健康教育的结构。各种模式实际上就是各种特定的相对完整的心理健康教育系统。心理健康教育模式的一个重要思想，就是不能局限在某一角度看待问题，而应该把它们作为一个系统的整体来对待。任何一种心理健康教育模式，都有其特定的应用目标、条件和范围。如果超越或不具备其特定的应用目标、条件和范围，就很难产生良好的教育效果。

### 2. 稳定性与灵活性

几乎所有关于模式的定义都指出，模式应具有相对稳定性。这是因为模式不是从个别、偶然的现象中产生出来的，它是大量教育实践活动的理论概括，在不同程度上揭示了普遍性的教育规律。从实践的角度看，科学性、普遍性是稳定性的基础，只有具有稳定性，才有可行性。在谈论教育模式的时候，人们一般都把它看成一个稳定的程序、程式或范式。然而，模式并非一劳永逸的"法宝"。模式的稳定性是相对的而不是绝对的，因为模式总是与特定历史时期社会政治、经济、科学、文化的水平相联系，受到教育方针、教育目的制约。如果上述客观条件发生变化，心理健康教育模式也会相应发生变化。

### 3. 开放性与发展性

心理健康教育模式是一个开放的系统，处在不断发展的过程中。学生的心理健康教育模式包括教学模式、活动模式、课程模式、评价模式、研究模式和管理模式等。作为开放系统的心理健康教育模式，不仅在纵向上表现为发展阶段的历史性跃迁，而且在横向上表现为多种模式并存。这种跃迁和并存，都说明心理健康教育模式的开放性。没有适应于一切领域的绝对的模式，也没有适应于一切时代的永恒的模式。心理健康教育模式不是固定不变的，随着人们对心理健康教育实践的认识不断加强，以及心理健康教育思想、理念的更新，心理健康教育模式也会不断地得以修正、完善和发展。心理健康教育模式不是僵化的，而是充满生机与活力的。

4.适用性与操作性

建构当代学生心理健康教育模式，必须研究学生的年龄特征和心理特点，注重激发他们在教育过程中的主动性、自觉性和积极性，而不是仅仅让学生记住相关条目，养成相关的传统美德，或为学生构思未来的价值观念与行为准则。建构学生心理健康教育模式，要基于未来社会对人才心理素养的需求，重在使学生具有解决各种心理问题的能力，不是注重学生记住了哪些心理概念和心理规律，而是注重学生怎样理解、思考和实践这些准则，进而提高心理健康教育实效。各种心理健康教育模式不仅具有深刻的理论基础，而且具备整套策略体系，使有关心理健康教育理论经得起实践的检验；同时，通过实践，又使心理健康教育理论更趋丰富和完善。

## （二）心理健康教育模式的功能性特征

作为一个完整的教育功能系统，学生的心理健康教育模式有着同其他教育系统相区别的特征。

1.直观性与简约性

模式的直观性与简约性，是指可以通过图像或象征性的符号来反映模式的基本特性，从而形成一个比抽象理论要具体一些的框架。模式总是从某种特定的角度、立场和侧面来揭示规律、反映实际。学生心理健康教育模式来源于教育活动的现实，是学生心理健康教育现实的归纳和概括。心理健康教育模式不是凭空想象出来的，即使在某些情况下可以依据教育理论通过逻辑的方法推演出某种"理论模式"或假想模式，这种推演出的"理论模式"或假想模式也必须在实践中接受检验，以验证其现实性。心理健康教育模式是对教育现实进行描述的一种简化形式，在建构心理健康教育模式时应突出心理健康教育现象的基本特征和主要因素，所体现的关系应是其本质的关系，而不必面面俱到。只有这样的学生心理健康教育模式才能帮助人们认识心理健康教育现象的本质。如果把所有的教育因素、关系等都纳入模式，就会削弱心理健康教育主要的、本质的因素和关系，从而也失去建构模式的意义。

### 2. 双向性与中介性

心理健康教育模式上有理论基础，下有操作程序，能够有效沟通教育理论和教育实践，通过从教育实践到教育模式到教育理论、从教育理论到教育模式到教育实践的双向路径，成为心理健康教育理论和实践结合的"中介"。显然，模式能沟通理论与实践，既能促进心理健康教育理论的拓展，又能促进心理健康教育实践的发展。心理健康教育模式既要将心理健康教育基本理论转化为教育实践，促进学校教育实践的变革，又要在实践中探索新的心理健康教育理论。它从实践出发，经概括、归纳、综合，可以提出各种模式，模式一经证实，便可形成理论；也可以从理论出发，经类比、演绎、分析，提出各种模式，从而促进实践发展。

### 3. 优效性与参照性

这是学生心理健康教育模式所特有的效力。由于心理健康教育模式能将比较抽象的理论化为具体的策略，能对心理健康教育实践起到良好的指导作用，因此优效性是心理健康教育模式的生命力之所在。如果一种心理健康教育模式不是有效、高效和优效的，就会被淘汰、被摒弃。建构心理健康教育模式，其目的除了帮助人们认识心理健康教育现象外，更重要的是提供一种可操作的样式，使理论变得更直观、更便于操作，这样可以更有效地指导教育的实践。心理健康教育模式不是空洞的思辨推论，它具有一套确定的操作程序，这就使之便于理解、把握和运用。学生心理健康教育模式提供了借鉴、模仿和遵循的参照，必然具有可模仿性和可操作性。

### 4. 本土性与创新性

心理健康教育模式是一个富有教育特色的本土化概念。心理健康教育模式既是时代发展与文化教育的产物，也是学校教育理论建设和话语创新的宝贵财富；既是学校心理健康教育本土化的一种尝试，又是学校德育改革创新的一种模式。学生心理健康教育模式是在中国文化与教育模式实践基础上的一种创新性的建构，以心理健康教育模式为基础，但立足于对心理健康教育模式的超越、融合与创新。同时，心理健康教育模式研究因其综合性，也显示出它的创生性和创新性。

## 二、心理健康教育模式的基本功能

在现代科学方法论中，模式方法是一种重要的研究方法。用模式方法分析问题、简化问题，便于较好地解决问题。模式有什么功能？美国社会科学家莫顿·多伊奇（Morton Deutsch）曾研究过一般意义的模式的功能，指出模式一般具有四种功能：组合、启发、推断和测量。组合功能是指模式能把有关资料（经验的与科学的）按关系有规律地联系起来，显示出一种必然性。启发功能是指模式可以启发人们探索新的未知的事实与方法。推断功能是指模式可以使人们依据它所提示的必然规律，推断预期的结果。测量功能是指模式能通过揭示各种关系，以表明某种排列次序或比率。莫顿·多伊奇对一般模式功能的研究，对人们认识学生心理健康教育模式的功能有所启发。总的来说，心理健康教育模式的基本功能有以下五个方面。

### （一）建构科学理论

心理健康教育模式一方面以教育科学理论为指导，是心理健康教育过程组织方式的简要概括，可以为教育实践提供选择；另一方面是教育实践经验的概括，可以升华为科学的教育理论。心理健康教育模式能够以简约化的形式表达一种教育思想和教育理论，便于为人们掌握和运用；心理健康教育模式不仅是对心理健康教育实践中某一类具体教育活动的加工，而且具有指向性和探索性，它所提出的框架可以通过不断的实践和试验，在理论上进一步系统化、规范化，为心理健康教育理论的研究不断提供各种素材。因此，心理健康教育模式又是个别的特殊经验转化为一般理论的中介环节，对心理健康教育理论的丰富和发展具有原料加工、理论建构的功能。

### （二）指引教育实践

心理健康教育模式具体包括指导、预见、系统化和改进四种功能：指导功能是指心理健康教育模式能够为心理健康教育实践者提供达到教育目标的条件、程序和活动方式；预见功能是指心理健康教育模式能够在某种程度上帮助心理健康教育实践者预见教育结果，为其提供事件的进程，并且根据系统内的变化描述可能的结局；系统化功能是指心理健康教育模式是一个有机的系统，是一个整体结构，对心理健康教育的诸要素都发生作用；改进功能是指心理健康教育模式能够改进心理健康教育过程、方法和结果，在整体上突破已有的心理健康教育框架。

（三）创新智慧行动

模式研究旨在提升学校心理健康教育实践的理论性与实践性，改变学校心理健康教育的行动气质，它以行动的创造为主要目的，同时进行模式的理论探讨。心理健康教育模式是一种综合性的研究，表现为一种富有智慧的专业实践，对问题的研究具有一些鲜明的优点：构造功能，以一般性图景提供一种整体的形象，包括系统内各个部分的次序和相互关系；解释功能，将复杂含糊的信息以简洁的方式描述和呈现给研究者；启发功能，引导研究者关注某一过程或系统的核心环节。正是因为这些优点，面对复杂的心理健康教育问题，才能够通过模式对其进行简约、鲜明、准确且具有普遍性和启发意义的研究。

（四）促进主体发展

心理健康教育模式是在加强理解、理性认识的基础上形成的，是从人的主体存在出发重构的与时俱进的教育模式。这一教育模式既有利于提高教育者的理论联系实际水平，又有利于促进受教育者心理素质的发展，提升学生的社会适应能力，并促进学生素质的全面和谐发展。心理健康教育模式研究注重相关学科的研究，注重理论与实践的结合，也更加关注学生主体的和谐发展，尊重学生的主体发展性。

（五）拓展学科领域

从学科的角度来说，系统的心理健康教育模式研究还有其特殊的功能。

通过对学科的重要模式进行勾勒性的整理，心理健康教育模式研究可以从两方面对学科建设做出贡献：一是横向上利用模式勾勒出学科全面或者部分的面貌，通过模式来对学科进行"白描"，为学科提供清晰的基本理论参考；二是纵向上在阐述模式的基础上，用历史回顾的形式，再现学科研究的发展情况。从这一意义说，心理健康教育模式研究具有其他研究形态不可替代的学科建设意义和价值。

# 第三节  心理健康教育模式的要素与类型

基于模式（模型）方法构建学生心理健康教育，就是在遵循心理与教育规律的基础上，对学生心理健康教育应有的理念、现实的构成、本真的状态进行深入的理性分析与必要的实践探索。

## 一、学生心理健康教育模式的结构要素

模式方法的主要特点是：排除事物次要的、非本质的部分，抽出事物主要的、有特色的部分进行研究。模式方法要将事物的重要因素、关系、状态和过程凸显出来，便于人们进行观察、实验、调查、模拟，便于进行理论分析。建构心理健康教育模式，离不开对"模式"的系统结构要素的分析与把握。任何模式都有其内在的结构，学生心理健康教育模式的结构是由模式包含的诸多因素有规律地构成的系统。完整的现代心理健康教育模式结构一般包含以下因素。

### （一）理念

理念因素指心理健康教育模式赖以成立的教学思想或理论。理念因素在心理健康教育模式结构中既自成独立的因素，又渗透或蕴含在其他因素之中，其他因素都是依据理念因素而建立的。有什么样的心理健康教育理念，就会有什么样的心理健康教育操作，继而就会呈现什么样的心理健康教育图景。

## （二）目标

任何心理健康教育模式都指向一定的教育目标，都是为完成一定的目标而创立的。目标是心理健康教育模式结构的核心因素，对其他因素有着制约作用。

## （三）条件

条件因素指完成一定的目标，从而使心理健康教育模式发挥效力的各种条件。任何心理健康教育模式都是在特定的条件下才能有效。条件因素包括的内容很多，有教师、学生、教材、教学工具、教学时间与空间等。

## （四）程序

任何心理健康教育模式都有一套独特的操作程序，详细具体地说明心理健康教育教学活动的逻辑步骤、各步骤完成的任务等。

## （五）评价

由于不同心理健康教育模式完成的目标、使用的程序和条件不同，因而评价方法和标准也就不同。一个心理健康教育模式一般要规定自己的评价方法和标准。

理念、目标、条件、程序和评价这五个因素相互依存、相互作用，构成一个完整的心理健康教育模式。一般来说，任何心理健康教育模式都要包含这五个因素，至于各因素的具体内容，则因心理健康教育模式的不同而不同。一个比较理想的心理健康教育模式，必须具备普遍性、启发性、科学性、针对性、实效性、原创性和简约性等基本特征。

## 二、学生心理健康教育模式的基本类型

应用模式方法研究心理健康教育，就要探究多元共生的心理健康教育模式。从不同的理念出发，可以看到学生心理健康教育的不同侧面、不同维度。这些不同的侧面和维度，有助于加深对学生心理健康教育的理解，开阔研究学生心理健康教育的视野。

### （一）积极型心理健康教育模式

相对于消极型心理健康教育模式而言，积极型心理健康教育是指通过培养、增强学生的积极心理力量来促进其心理和谐发展、心理潜能充分开发的一种教育活动。消极型心理健康教育过分强调了其矫治功能，以至将工作的重心放在发现少数"问题学生"，通过一对一的心理咨询解决学生心理问题上。积极型心理健康教育是对消极型心理健康教育的修正，代表的是一种全新的教育理念、思维方式和认识视野。积极型心理健康教育，就是把以缓解或消除学生心理障碍为主要目的的心理健康教育，引领到以促进学生心理发展和心理潜能开发这一核心旨趣上来，以凸显学生心理健康教育理念的正向性；就是把针对少数问题学生的心理健康教育，引领到面向有心理服务需要的一般学生上来，以凸显学生心理健康教育受众的全面性；就是把具有浓厚医学色彩的个别诊疗和个别咨询为主要工作形式的心理健康教育，引领到充满浓厚教育色彩和人文关怀的讲座、心理剧、团体辅导等工作形式上来，以凸显学生心理健康教育方式方法的丰富性；就是把以专职专门心理健康教育工作者为主导力量的学生心理健康教育队伍，拓展到全体教师、家长，乃至整个社会共同参与的新图景上来，以凸显学生心理健康教育参与者的广泛性。总之，实施积极型心理健康教育，就要不断更新教育理念，优化教育实践，以更加开放互动的积极姿态、更加宽阔融合的积极视野、更加灵活多样的积极方法，投身到学生心理健康教育工作中来。

### （二）主体性心理健康教育模式

主体性心理健康教育是在现代主体性教育思想指导下，对传统心理健康教育理念的匡正，是心理健康教育价值取向由工具性走向人性化的一次重要回归。传统的学生心理健康教育，往往重知识的传播而轻学生的主动实践，重教师的说教而轻学生的自主建构，使得学生在教育过程中更多地处于被动地位。学生主体性心理健康教育，就是在肯定学生主体地位的前提下，以发挥学生的自主性、能动性、积极性为基本特征，以提升学生的主体心理素质、实现学生心理的最优发展为根本目的而建立的一种全新的心理健康教育模式。实施主体性心理健康教育，一要转变教育观念，将以社会为本、以教师为主导的心理健康教育转变到以人为本、以学生为主体的教育轨道上来，尊重学生的主体地位和主体人格，肯定学生的主体辨别能力和选择能力，坚信学生具有正向的自我心理调适和自我向上成长的潜能；二要建立新型的师生关系，从"我说你听""我讲你做"的"单向命令式"转变为平等、民主、宽容氛围下教师与学生的"双向互动式"，给予学生在教育内容、教育过程等方面自主选择、自我判断的自由；三要重视学生自主体验，鼓励学生主动参与实践活动，并以活动中的体验为切入点，促进情感和认知的相互影响，以生成和发展良好的行为模式。从一定意义上讲，心理健康教育本质上是对个体主体性的培育过程，是一种主体自我教育。心理健康教育工作就是要鼓励学生自己去观察、去体验、去活动、去思考、去感悟、去拼搏，启人以思想，教人以智慧。

## （三）发展性心理健康教育模式

发展不仅是现代教育理念的体现、现代心理学精神的要求，而且是个体心理发展的现实需要。"实际上每一个人都具有一种对健康的积极向往，一种希望发展，或希望人的各种潜力得到实现的冲动。"发展性心理健康教育是指针对学生在不同发展阶段面临的矛盾、任务和需要，依据学生心理发展的规律，施以一定的教育和辅导，从而推动学生心理矛盾解决、心理潜能开发，以及健康健全人格形成的一种教育活动。实施发展性心理健康教育，既要着眼于学生心理发展的阶段性，又要立足于心理发展的连续性；既要看到心理发展的结构性，又要重视心理发展的层次性；既要关注心理发展的稳定性，又要关照心理发展的可变性。要善于抓住学生心理发展的"关键期"，施以恰当的教育手段促进学生的心理发展，而不是等待学生心理自然发展；要致力于创建学生心理发展的"最近发展区"，将心理健康教育的目标定位在学生可能发展的程度，使心理健康教育走在学生发展的前面，而不是停留在现有的发展水平，从而引领学生向着更高的、可能的、潜在的水平不断发展；要将预防与发展结合起来，将全面发展与个性发展结合起来，将全体学生与个别学生结合起来，将主导课程与学科渗透结合起来，将学校、家庭、社会结合起来，不断开拓发展的途径，创新发展的方法。总之，实施学生发展性心理健康教育，就是要以学生的心理和谐发展为核心目标，一切为了学生的发展，为了一切学生的发展。

### （四）自助式心理健康教育模式

自助式心理健康教育，是在肯定学生主动建构的基础上，发挥学生自我建构的潜能，利用学生自身的力量，让学生自己帮助自己，实现学生心理最优发展的过程。之所以提出自助式心理健康教育，主要基于以下原因：从教育的手段来看，传统知识化、灌输式、刻板化的心理健康教育，仅仅是教师的"独角戏"，学生只是被动的接受者，主动性无从发挥，因而迫切需要激发学生主动参与心理健康教育的积极性；从教育的效果来看，不管教师对学生心理需求的把握如何准确、教育的手段如何高明，都不可能完全适合每一个学生，需要通过学生的主动参与来提高教育的适切性；从教育的对象来看，每一个学生都具有一定的自我认知、自我判断和自我发展的能力，具有自我教育的潜力，这就为自助式心理健康教育提供了必要的前提；而从教育目的来看，乔姆斯基（Avram Chomsky）曾指出："促进自我教育的教育才是真正的教育。"因此，学生心理健康教育由教师帮助下的心理"他助"，走向学生之间的心理"互助"，进而实现学生自己的心理"自助"，是心理健康教育发展的必然趋势。开展自助式心理健康教育，一方面要培养学生心理自助的意识，激发学生心理自助的动力，鼓励学生心理自助的行为；另一方面要拓展心理自助的途径，如通过自助式心理探究、自助式心理训练、自助式心理辅导、自助式心理暗示、自助式心理激励和自助式心理社团等活动，教会学生心理自助的方式方法，提升学生心理自助的能力。

### （五）青春期心理健康教育模式

青春期心理健康教育是在把握青春期心理发展规律、了解青春期心理发展动态、破解青春期心理发展难题的基础上，帮助学生完成青春期心理的平稳过渡和顺利成长的教育过程。学生所处的青春期，既是人的心理发展过程中变化最激烈的时期，也是容易产生心理困惑和心理冲突的时期；既是人的情绪情感、自我意识、价值观念、个性特征和行为方式等发生重大改变的时期，也是其人格发展的关键期。因此，开展有针对性的青春期心理健康教育是学校无法回避且必须重点关注的话题，主要包括以下几个方面：第一，青春期是学生心理性征的觉醒期，教师要引导学生学习科学的性生理和心理知识，认识青春期性心理发展的一般规律，正确对待性意识冲动，学会主动进行性心理调适；第二，青春期是学生异性交往的敏感期，教师要善于因势利导、循循善诱，引导学生学会和异性同学交往交流，恰当把握异性之间交往的"度"；第三，青春期是学生心理断乳的关键期，教师既要给予学生必要的自主性，保护他们的自尊心，满足他们的成人感，又要给予学生一定的指导，及时纠正学生认知上的偏差和思维上的狭隘，协助学生实现青春期心理的顺利过渡；第四，青春期是学生自我心理的统合期，要求教师全面指导学生树立积极向上的自我意识，引导学生理性认识自我，积极悦纳自我，客观评价自我，努力实现自我。总之，学生青春期心理健康教育，要紧扣学生青春期的心理发展特点，给予学生更多的爱心、耐心和关心，使学生顺利度过人生第二次成长期。

## （六）职业类心理健康教育模式

2004年教育部印发的《中等职业学校学生心理健康教育指导纲要》指出："中等职业学校学生正处在身心发展的转折时期，随着学习生活由普通教育向职业教育转变，发展方向由升学为主向就业为主转变，以及将直接面对社会和职业的选择，面临职业竞争日趋激烈和就业压力日益加大的环境变化，他们在自我意识、人际交往、求职择业，以及成长、学习和生活等方面难免产生各种各样的心理困惑或问题。"这表明中等职业学校的学生具有不同于一般学校学生的心理特点和心理需要，开展职业类心理健康教育是以"就业为导向"的学校必须认真对待的重要课题。事实上，90后学生面临着专业心理的迷茫、择业心理的困惑、就业心理的压力和创业心理的挑战等难题，迫切需要进行职业心理方面的指导。开展职业类心理健康教育，在教育内容上，要纠正学生在所学专业认识上的偏差，加深对所学专业的了解，培养对所学专业的兴趣；要指导学生树立合理的择业观，确定恰当的择业目标，做出明智的择业决策；要引导学生理性地看待就业压力，积极地应对就业挫折，保持良好的就业心态；要培养学生自主创业的意识，激发敢于创业的勇气，塑造成功创业的信心。在教育形式上，既要进行独立的、专门的职业心理健康教育，又要渗透到日常职业技能教育的过程中，融合到一般性心理健康教育的过程中，做到全员参与、全面渗透。在实施过程上，要将职业心理健康教育贯穿于学生的整个学生生涯，针对不同年级学生的职业心理需求，开展有针对性的职业心理健康教育。总之，开展职业类心理健康教育，就是要使学生树立正确的职业价值观，养成良好的职业道德，塑造得体的职业气质，最终形成较好的职业心理素质，以实现个人职业生涯的最优化发展。

### （七）文化层心理健康教育模式

"文化环境对人类心理建构的影响和作用反映着人类心理的文化本质；人类心理的文化本质突出地表现在人类心理的文化构建上。"学生正处于一个文化开放、多元文化激烈碰撞的时代，各种文化理念深深影响着学生心理的发展。将学生心理健康教育置于文化学的视野中来审视，有助于更好地把握心理健康教育的内在规律，更加清醒地认识心理健康教育的文化属性，更加充分地发挥心理健康教育的文化功能。构建学生文化层心理健康教育，一方面，要整理、更新、创造适合于学生成长的良好文化环境，为学生心理的自我建构创造条件；另一方面，要让学生在理性认识自己所处的文化背景的基础上，能够从容应对消极文化因素带来的挑战，把握积极文化因素带来的机遇，更好地构建自我心理世界与文化生活。开展学生文化层心理健康教育，教师要尊重学生的文化取向，理解学生的文化需要，依据学生的文化背景、文化立场、文化特征，营造正向的、有利于学生成长的校园文化环境、班级文化制度和专业文化氛围；要注重引导学生正确看待社会上风行的网络文化、非主流文化等，自觉抵制不良文化的影响；要重点关注现代文化和传统文化碰撞下学生可能出现的矛盾心理状态，使学生明白如何在"个人本位"与"集体本位"的文化抉择中做出适当取舍；要有意识地从多元文化视角出发，将文化的差异充分利用，作为实施学生心理健康教育的重要契机和基本准则。总之，教师要在学生心理与文化的双向建构中发挥积极的作用，努力实现学生心理与文化的良性互动。

### （八）网络化心理健康教育模式

如果说心理健康教育的发展是依靠理念和技术两个巨轮在推动，那么毫无疑问，网络给心理健康教育展现了一种令人难以抗拒的技术。网络以其快捷性、即时性、互动性，打破了传统教育的时空限制，为心理健康教育实践者提供了一种全新的教育模式。事实上，很多学校或者在其门户网站上设置了专门的心理健康教育网页，或者建立了独立的心理健康教育网站，已经开始了网络心理健康教育的实践探索。网络心理健康教育可以通过以下几个方面展开：一是拓展网络心理健康教育内容的呈现路径，从文字和图片拓展到动画、视频等多媒体形式，丰富对学生感官的刺激，激起学生参与的热情；二是培养学生自主学习和协作学习的意识，利用网络的开放性加强学生之间心理的沟通与协作；三是加强教师同学生的交流与对话，不能让网络心理健康教育再次成为教师的"一言堂"；四是加强学生的主体性地位，广泛发动学生参与到网站维护、信息更新上，发挥学生的能动性；五是扩大网络心理健康教育的参与人群，将家长纳入网络心理健康教育的体系中来，加强学生、家长和教师之间的互动，发挥家庭教育的积极作用，以构建"学生—学校—家长"一体化的网络心理健康教育模式。需要指出的是，网络心理健康教育尽管是一种很好的教育形式，但只是心理健康教育在教育技术上的一种延伸和拓展，不能取代真实情境下的心理健康教育。学校不能将开展网络心理健康教育视为学生心理健康教育的主要形式，更不能视为唯一形式。

### （九）整合态心理健康教育模式

理论的分析和实践的探索都已表明，单一学科视野的心理健康教育不可能取得令人满意的效果，借鉴其他学科的长处去弥补某一学科视野的不足已经成为当下心理健康教育的现实走向。同时，从人的心理发展的整体性与教育的整体目标来看,心理健康教育需要站在更高的层面上来确定其目标体系,以最大限度地发挥心理健康教育的整体功能。因此,整合态心理健康教育模式的出现成为一种必然。首先,从字面意思来看,整合态心理健康教育模式就是心理健康教育模式的整合。但这种整合不是实现心理健康教育模式的大一统,不是各学科视野下的心理健康教育模式的机械拼凑、平均用力,而是强调整体协调、重心突出、特色分明,最终实现整体大于部分之和的效果。其次,整合态强调了心理健康教育模式的存在状态——动态性,这就意味着心理健康教育模式不能画地为牢、故步自封,而应随着时代的变迁、理念的更新、技术的进步不断发展变化。最后,构建整合态心理健康教育模式要以科学的系统论为依据,不仅要实现课程的整合、内容的整合、学段的整合、资源的整合,更要实现理念的整合、目标的整合、学法的整合,以及视野的整合。总之,要构建起全方位、立体型的心理健康教育模式,就要把心理健康教育作为专门的教育活动来开展,要将其与学校教育、教学、管理等工作融合起来,还要努力营造物质形态和精神形态的心理健康教育氛围,从而真正实现学生心理健康教育模式的整合。

以上几种心理健康教育模式,是基于不同学科视野、理论视角和实践立场所进行的积极思考和探索。在社会转型变革日益迅速的现代,在教育理念日新月异的今天,应该紧跟心理科学发展的步伐,不断革新、拓展与优化,积极开展行动研究,实施心本和谐管理,走向积极职教实践范式,着力构建高起点、有特色、可操作的学生心理健康教育模式,才能更好地促进和引领 95 后、00 后学生的心理和谐发展。这是新时期做好学生心理健康教育工作的"法宝"和"奥秘",也是科学构建学生心理健康教育模式的核心旨趣和本真追求。

# 第二章

# 心理健康教育模式的现状与问题

自 2004 年教育部印发《中等职业学校学生心理健康教育指导纲要》以来，学生心理健康教育进入了一个全新的阶段，学校开展心理健康教育的热情空前高涨。然而，心理健康教育在取得诸多成绩的同时，也暴露出一些问题，显现出一些弊端。本章从应然的层面来审视学生心理健康教育理念的走向，从实然的层面剖析学生心理健康教育实践的误区，通过深化对学生心理健康教育的认识，着力建构更为理想的学生心理健康教育模式。

# 第一节　心理健康教育模式的现状分析

模式，其实就是解决某一类问题的方法论。把解决某类问题的方法总结归纳到理论高度，就是模式。模式是一种参照性指导方略，有助于得到解决问题的最佳办法，进而高效地完成任务；有助于按照既定思路快速做出优良的设计方案，达到事半功倍的教育效果。因此，建构学生心理健康教育模式得到教育界的关注和重视。

## 一、学生心理健康教育模式的基本类型

模式是一种重要的教育研究方法，可以用来分析问题、简化问题、解决问题；也是一种有着其内在结构的有机系统，包括目标、内容、过程、形式、评价等要素。由于对心理健康教育认识视角的不同，研究者对学生心理健康教育模式的具体设计也不尽相同。根据国内公开发表的相关文献资料，较为明确的学生心理健康教育模式主要有以下几种类型。

### （一）发展性心理健康教育模式

有研究基于人本化的价值取向、心理辅导的价值理念，以及学生心理发展的基本原理，从目标、内容、原则、实施途径四个层面对学生心理健康教

育模式的建构进行了探讨，认为学生发展性心理健康教育应该以发展性为主，以预防性、矫治性为辅，建构面向全体学生、教师全员参与、全面展开、全过程进行、最大限度地实现学生全面发展的学生心理健康教育模式。

## （二）互助式心理健康教育模式

有学者从学生的心理特点出发，针对学生的心理需要，提出通过互助式心理探究、互助式心理暗示、互助式心理激励、互助式心理训练，以及互助式心理辅导等形式，建构互助式心理健康教育模式，以提高学生心理健康教育的实效性，达到助人与自助的目标。

## （三）全员参与心理健康教育模式

有学者针对学生心理问题现状，认为要提高学生心理健康教育的实效性，必须发挥社会、学校、家庭三方面的力量构建全员参与心理健康教育模式。该模式提出的具体策略为：社会应树立全新的教育观念，为学生的成长营造良好的社会氛围；学校应在管理、机构、制度、师资、学生自助等方面加强建设，积极发挥学校育人的作用；将家长纳入学生心理健康教育体系中，发挥家校协同教育的作用。

## （四）六环节操作式心理健康教育模式

为探索学生心理健康教育的有效途径，有研究提出以学生为主体、以学校为主导的六环节操作模式，主要通过引导学生对自我和现有人际关系的角色认同，确立适当的学生角色目标，积累成功的角色体验，进行角色调整，认清自身人格特点，以及开展就业指导进行角色转换六个环节，实现学生心理的和谐发展。

## （五）"三位一体"心理健康教育模式

所谓的"三位一体"心理健康教育模式，是指将学校、家庭和社会纳入学生心理健康教育的体系中来，通过三方面的合力，开展面向学生的心理健康教育，如针对学生青春期心理健康教育的三位一体模式、针对学生心理全面发展的三位一体模式等。

### （六）三维立体式心理健康教育模式

有研究提出采用建立"监测—保健—教育"三个系统、运用"课堂教学—心理辅导—心理咨询"三种方式、达到"矫治—预防—发展"三个目的，以及针对学生的三维立体式心理健康教育模式，并通过《症状自评量表SCL-90》对这一模式的实效性进行了实验组与控制组的对比研究，结果表明实验组的心理健康水平在这一教育模式的干预下具有明显的改善。

### （七）整合型心理健康教育模式

有学者基于实践中心理健康教育模式多元分化的现实倾向，以及学校教育对象和教育环境的复杂性，提出学生心理健康教育应坚持理念、目标、课程、内容、学法、学段、资源和视野八个方面的整合，做到整体协调、彰显重心、突出特色，以最大限度地发挥心理健康教育的整体功能，构建全方位、多渠道、立体化的学生心理健康教育模式。

### （八）心理道德教育一体化模式

有学者认为，可以将学生心理健康教育与道德教育加以整合，发挥二者的优势，弥补各自的不足，通过思想观念的整合、工作机制的整合、目标内容的整合和工作队伍的整合，形成相得益彰、相互借鉴、相互配合的一体化工作格局，更好地服务于学生的人格成长。

另外，一些文献虽然没有明确提出学生心理健康教育模式的具体名称或类型，但这些研究也应该属于"学生心理健康教育模式建构"这一大的范畴，暂且将这些模式称为"准心理健康教育模式"，比如"五线四环"型心理健康教育模式、"三全"式心理健康教育模式等。还有一些文献基于课程建设、咨询技术、心理辅导、校园文化等视角，对学生心理健康教育模式的某一组成部分进行了专门的探讨，这些研究同样值得关注。

建构学生心理健康教育模式，很难形成标准统一的答案，但在基本问题上已经达成一些宝贵的共识，如要重视和加强学生心理健康教育。在教育定位上，心理健康教育是学校素质教育的有机组成部分，不能等同于一般学科知识的教育；在教育方式上，要灵活多样、注重活动与体验，应当摒弃单一的课堂说教和机械灌输；在教育目标上，要关注学生心理的自主和谐发展，应当促进学生的成人成才；在教育主体上，要增强所有教师的"心理育人，人人有责"的意识，应当形成有效教育合力；等等。这些理性认识为进一步科学建构学生心理健康教育模式奠定了不可或缺的思想基础。

## 二、学生心理健康教育模式建构存在的不足

总体来看，当前学生心理健康教育模式的建构仍处于起步阶段，水平参差不齐，在理论研究、实践探索，以及理论与实践的结合等方面表现出一些不足和误区。

### （一）模式建构取向问题化

有的研究按照"发现学生心理问题—分析问题影响因素—提出有针对性的心理健康教育模式"的步骤来建构模式，重视解决当前所面临的问题，关注有严重心理问题的学生，重点是预防和诊治心理障碍，或干预学生的心理危机。实施系统的学生心理健康教育，关注并解决学生存在的心理问题不可或缺，但是全部的工作仅仅围绕着学生的心理问题，似乎又回到消极型、矫治型心理健康教育的老路，站在积极型、发展型的现代心理教育理念的对立面。可以说，心理健康教育越是急切地想成为拯救现实的"灵丹妙药"，实际上就可能离本真的心理健康教育越来越远。

### （二）模式建构路径经验化

从心理健康教育模式的形成过程来看，既有模式多来自教育一线教师的实践经验，侧重探讨心理健康教育的条件和程序，是对过去和现在经验的总结和概括，属于自发形成的心理健康教育模式。这样的教育模式实践基础较好，但由于缺乏必要的理论指导，随机性较大，可能导致实践操作偏离应然的轨道。目前，对模式的研究多集中在一般性、经验性的文字描述上，进行的是逻辑的、思辨的研究。有的研究虽然冠以"学生心理健康教育模式"之

名，但对模式方法理解不透彻，或没有采用明确的模式方法，从经验的角度按照社会、家庭、学校、个人"四部曲"来分析，似乎有"泛模式化"之嫌。从实际情况来看，有的研究没能扮演好理论追随者的角色，更不用说成为自觉的理论先行者。可以说，当前学生心理健康教育模式建构欠缺的不是对现实的描述和对现状的说明，而是对现代心理健康教育思想、理论的思考和贯彻。

### （三）模式建构过程形式化

当前，有的学生心理健康教育模式研究照搬普通学校的做法或模式，职教"校本"特色意识明显不足。有的研究对"模式"本身的结构属性并没有形成清晰明确的认识，所建构的学生心理健康教育模式要素孤立庞杂，彼此之间衔接不畅，没有形成有机的整体，出现理论与实践"两张皮"现象，操作运用的实效性不足。如有的研究提出要"全员参与""全面渗透"，而对教师在学科教学或班级管理中的心理健康教育策略却鲜有论及；有的研究提出要"开发学生的潜能，促进学生的发展"，然而对于怎样在实际操作过程中实现又显得办法不多，空喊心理健康教育的口号。心理健康教育模式理论和实践的脱节，究其原因，并非理论过于抽象，而是实践研究缺乏足够的行动力，没有为理论的执行创造足够的环境与条件。

学生心理健康教育从无序走向有序、由经验走向理性、从消极走向积极，离不开对学生心理健康教育模式的科学建构。如何进一步提高学生心理健康教育的水平、层次、质量与效益，更好地为学生心理和谐与人格成长服务，成为建构学生心理健康教育模式需要认真审视和积极回答的问题。

# 第二节 心理健康教育存在的问题

30 多年来，我国心理健康教育从无到有，得到了较快发展。尤其是在教育部颁布了"三个文件"，即《国家职业教育改革实施方案》《职业教育提质培优行动计划（2020—2023 年）》《关于推动现代职业教育高质量发展的意见》之后，我国学校在 21 世纪之初掀起了一场心理健康教育的"热潮"。但我国学校心理健康教育表面的"虚假繁荣"无法掩盖其已经显现或真正潜在的问题与危机，学校心理健康教育的发展现状不容乐观，令人担忧。学校心理健康教育在发展过程中出现一些问题并不为怪，关键是对问题应该如何认识。这些错综复杂的问题至少表现在理论、认识和实践三个方面。

## 一、曲解混乱：学生心理健康教育的理论问题

俗话说，"名不正则言不顺，言不顺则事不成"。通过分析我国现阶段学校心理健康教育的基本理论建设和发展，笔者发现尚存在以下问题或不足之处。

### （一）定名问题

目前国内学者对心理方面教育的提法有心理教育、心理素质教育、心理健康教育、心理卫生教育、心理品质教育、心理辅导、心理咨询、心理辅导与教育、心理健康辅导等。这些提法反映了人们对心理教育本质、内涵及外延的不同理解，有待于进一步深入研究。现实的情况是，不少学校领导和教师在使用心理健康教育称谓上比较模糊杂乱、随意性比较大。

### （二）定义问题

目前国内学者对心理健康教育概念基本内涵和外延的理解与界定可谓是仁者见仁，智者见智，远未形成共识，而对心理素质、心理健康、心理辅导、心理咨询、心理发展、心理潜能等一些基本概念和术语的说法也是众说纷纭、

莫衷一是。这种对心理健康教育界定上的模糊、混乱乃至曲解，极易造成而且事实上已经造成广大教育实践工作者的困惑与误解，妨碍学校心理健康教育的科学实施和积极推进。

### （三）定位问题

关于心理健康教育在教育体系中的定位问题，目前主要有三种说法：第一种说法是认为心理健康教育是学校智育、德育、美育的上位概念，心理教育包括智育、德育、美育；第二种说法是主张心理健康教育是教育整体中不可或缺的一部分，或是学校全面发展教育的一个组成部分，成为现行"五育"之外的第六种因素或途径；第三种说法是认为心理健康教育是学校广义德育的一个组成部分，即广义德育由政治教育、思想教育、道德教育（狭义）、心理健康教育四个方面组成，因而心理健康教育成为学校德育的一条途径、一种补充。第一种说法当然有过于宽泛之嫌，后两种说法虽然写进了一些教育行政部门的红头文件，为一些学校领导和教师所接受，但忽视了心理健康教育的独特性、独立性，这三种定位观都是有失偏颇的。

### （四）定性问题

从性质上理解，我国心理健康教育有两种目标，即消极性（补救性）目标和积极性（发展性）目标。20 世纪 80 年代中期，我国心理健康教育从心理咨询入手，较多地关注解决少数学生的心理问题与障碍；但随着对心理健康教育认识的深化，越来越多的教育工作者认识到学校的心理健康教育的对象应是全体学生，学校心理健康教育应为每一个学生的成长发展和人格现代化服务。但现实教育中仍有不少人认为"心理教育是针对少数有心理问题学生的补救性教育"，把心理健康教育理解为单一的心理咨询或心理治疗，相当一部分学校的心理健康教育仍停留在消极性的目标层次上，只是着眼于学生心理障碍及问题行为的矫治，即心理健康教育的主要作用是缓解和消除学生各种严重的心理异常，而忽视了学生更高层次的心理发展、潜能开发和人格健全需求。

### （五）定向问题

纵观我国学校心理健康教育的现状，至少在以下四个方面摇摆不定：一是实践路向上的科学主义与人文主义的分歧，何去何从争论不休；二是学科取向上的不良分化，尤其是心理学取向与教育学取向等不同学科取向之间存在着各执一端、相互"拆台"、相互指责的倾向；三是价值取向上的"钟摆"现象，心理健康教育是应当以社会功能为本，还是坚持"以人为本"，许多教育工作者在认识上、在实践中还是忽左忽右；四是发展路向上的偏差。在当今教育发展国际化、全球化的潮流中，一些学校盲目趋附国外心理健康教育的发展路向，简单沿袭、移用或照搬普通学校心理健康教育的做法和模式，缺乏应有的本土特色、职教特色和中国化探索。

## 二、功能错位：学生心理健康教育的认识问题

有人认为，现阶段我国的中等教育运行机制还是一切围绕就业或升学（对口招生）这个中心，随着高考"指挥棒"在行动，教师、家长以及学生需要与追求的只是高分数或高技能，学校实施素质教育还是"海市蜃楼"，教育改革还没有真正走上健康的发展轨道，要真正实施心理教育，就好比是"草鞋上绣花"，还为时过早，明显不切实际。姑且不论这种比喻是否恰当，应当肯定的是，这种说法指出了当前教育发展的"顽疾"。的确，现实的学校教育教学制度不从根本上进行变革，心理健康教育的实施就难以得到保证。但应当明确指出的是，心理健康教育是学校教育的一个侧面、一个方面，心理健康教育并不是完全外在于或高于其他教育而存在的，不能够坐等教育改革的完善，而应当在脚踏实地实施心理健康教育的过程中逐步推进学校素质教育的深入，推动教育改革的良性循环。

有人认为，过去没有所谓的心理健康教育，学校学生的心理发展也没有什么问题，现在强调要开展和实施心理健康教育，反而使学生的心理问题更加突出、更加普遍、更加严重。这一认识隐含着的一个想法，就是学校心理健康教育是多余的、没有必要的，这实在是对心理健康教育的误解。实际上，

并不是因为学校开展了心理健康教育，学生的心理问题才增加了；而是因为学生的心理问题日益增多、更加复杂，才更有必要重视心理教育。也不是说学校开展了心理教育，就能够保证学生不会再有心理问题。道理很简单，这就好比社会上有各种各样的医院但不可能保证没有人再生病一样。学生心理问题的产生既不是由心理健康教育引发的，也不是仅凭心理健康教育就能够完全解决的。

上述两种观点实质上是对中等学校实施心理健康教育的必要性与可能性的怀疑。实施心理健康教育真有这个必要与可能吗？这个问题的答案不言自明。然而，开展学校心理健康教育是否真的有必要，心理健康教育是否真的可能，却并非不证自明。倘若开展学校心理健康教育既无必要又无可能，那么所谓的心理健康教育就只是一个虚无的概念，而任何与心理健康教育有关的讨论都是多余的，甚至本书的思考和写作都是毫无价值的。即使有充足的理由证明中等学校心理健康教育的必要性与可能性，不同理由支撑下的心理健康教育，其意义和蕴含也大不一样。

提出"开展心理健康教育真的有必要吗"这样的问题，容易引起一些人的愤慨，其实这个问题是由反对和怀疑心理健康教育的人首先提出来的，他们认为任何教育都能对心理产生作用，学校没有必要单独开展心理健康教育。这也促使坚信开展心理健康教育有必要与可能的人，为自己的教育信念进行合理的辩护。但另一个问题又接踵而至，当为开展学校心理健康教育的必要性与可能性进行辩护时，同样会产生不同的认识分歧，或者说，对这个问题的回答存在着明显的不同，也显示了各自对中等学校心理健康教育价值和功能认识的不同立场。

有人提出，开展心理健康教育之所以有必要，是因为现在有心理问题的学生人数越来越多，问题越来越严重，层出不穷，直接影响到学校教育教学的质量和秩序。没有心理健康教育，学校就永无宁日；有了心理健康教育，学生的心理问题少了，学校领导和教师的日子就好过多了。这是一种将心理健康教育看作学校教育问题"灭火器"的观点。

有人提出，开展心理健康教育之所以有必要，是因为传统的学校德育工作已经过时，失去了吸引力，难以取得实效。实施心理健康教育，是对原有德育工作的一种改进和变革，对并不景气的德育工作注入了一剂"强心针"和"维他命"。因而，心理健康教育成为不少学校德育工作的一大特色和亮丽的风景线，是推进中等学校德育现代化的一个新抓手。这是一种视心理健康教育为学校德育改革"氧气瓶"的观点。

有人提出，开展心理健康教育之所以有必要，是因为现在的"应试教育"大行其道，学生处于"水深火热"之中，学校的素质教育徒有虚名，教育已经走进了"死胡同"。对当今教育的改革发展和学校素质教育的深化推进来讲，心理健康教育无疑是一种有效的"催化剂"和"解毒剂"。这是一种把心理健康教育作为教育改革发展的"助推器"的观点。

有人提出，开展心理健康教育之所以有必要，是因为现在的教育行政部门比较重视，各项检查评比、达标验收都有这一条，实行的是"一票否决"，中等学校要争先创优上台阶，不搞心理健康教育通不过，总不能因小失大，即使没有真的心理健康教育也要做出点像样的。这倒是一部分学校领导的心里话、大实话。这是把心理健康教育当作粉饰教育大厦的"墙面砖"的观点。

上述种种观点从一定意义上讲并不为错，这也是当下许多中等学校重视心理健康教育的主要原因。退一步讲，对学校心理健康教育能有这样的认识已经是很不容易了，这在20年前那简直是不可想象的。但从心理健康教育理论建构的层面看，这样的认识又是不到位的，至少是不够完整的。就其思维方式而言，这些都是工具主义的教育思想，其特点就是心理健康教育的存在合理性由心理健康教育能够完成某种独特的任务这一点加以辩护。换言之，心理健康教育本身仅是作为一种工具而获得意义的。而心理健康教育其他更为重要的内在价值与人性意义被有意或无意地忽视了。事实上，心理健康教育是当代学生健全人格与完善个性的内在需要，是当代学生人性发展与品格提升的自觉需要，是当代学生学会学习与学会做人的自主需要，更是当代学生全面发展与成长成才的现实需要。

### 三、步入误区：学生心理健康教育的实践问题

理性地审视当前我国学校心理健康教育的现状，有关心理教育的种种认识和实践误区并不少见，如学校心理健康教育就是维护学生心理健康的教育；心理健康教育就是心理学基础知识的教育；心理健康教育应当由少数合格的专业工作人员承担；心理健康教育与道德教育无关，两者应当相分；等等。这里不做过多的分析，只是就学校现实存在的心理健康教育实践误区进行简要解说。

#### （一）心理健康教育方式：医学化倾向

有的学校违背心理健康教育的本质要求和内在规律，将心理教育简单地理解为心理咨询和心理治疗，肆意地采用医学化方式，刻意地营造医学、医院的氛围，让校医兼职心理辅导人员，或者心理辅导人员穿上白大褂，用诊断心理疾病的量表来测量、诊断学校学生的心理发展状况，像医生记录病人的病情、病历一样来做"病史"记录，像医生给患者开处方似的给出几条建议，甚至经常性地让来访的学生服用一些药物来缓解焦虑、抑郁等不良情绪。

#### （二）心理健康教育队伍：德育化倾向

有的学校把心理健康教育和德育混为一谈，无视二者之间的差别，或者简单地把心理健康教育看作德育的一个方面，认为没有必要单独进行心理健康教育。特别是学校心理健康教育的教师大多是学校思想政治工作人员"摇身一变"而来的，而专业的思维定式使得他们习惯于把学生的心理问题当作思想品德问题，用德育的方式方法来处理、对待心理问题，使得心理健康教育雷同于思想政治教育，缺乏本应有的生气和吸引力。

#### （三）心理健康教育载体：课堂化倾向

有的学校狭隘地理解心理健康教育的载体，将心理健康教育的空间局限在课堂上，片面追求心理健康教育课程的开设，以为开设了心理健康教育课程就是到位了。而教师在课堂上也努力向学生灌输一些心理学或心理健康的有关名词、定义、概念，要求学生记忆一些心理原理和规律，甚至像其他课

程一样机械设定知识体系、目标任务和教学过程，采用考试或心理测验的方式来评价学生的学习情况和心理发展，使得心理健康教育流于形式、空泛无力，不但没有提高学生的心理素质，反而加重了学生的心理负担，出现了事与愿违、适得其反的结果。

### （四）心理健康教育对象：个别化倾向

有的学校把心理健康教育的主要任务和工作对象放在少数甚至个别学生的心理障碍与疾病上，忽视和消极对待绝大多数学生，使得绝大多数学生心理发展的需求没有得到合理的满足，心理健康水平没有得到真正提高，心理素质没有得到发展，结果是本末倒置、主次颠倒，"捡了芝麻丢了西瓜"，学生的心理问题层出不穷，仅有的一两个专业的、专门的心理教育人员像救火似的忙于应付，其结果往往是吃力不讨好、事倍而功半，从而使学校心理健康教育的路越走越窄。

### （五）心理健康教育技术：简单化倾向

有的学校几乎将心理测验等同于心理健康教育，滥用、乱用心理测验，强制或半强制地要求所有学生参加各种心理测验，似乎唯有心理测验才是科学的手段，似乎只有对学生进行名目繁多的心理测验才能给学校带来心理健康教育蓬勃发展的"光环"。有的学校不考虑心理测验的社会文化背景，直接移用国外的心理量表，似乎心理量表只要是国外的就是先进的，并且随意地将心理测验的结果公开，轻率地、武断地给学生的心理状况下结论、贴标签、"戴帽子"等。

### （六）心理健康教育过程：形式化倾向

有的学校把心理教育看作一种时髦的教育口号和标志，抓心理健康教育只是为了满足一时之需，如应付检查、评比、达标等；开展些名不副实的心理健康教育活动，为的是对上级教育行政部门有一个"交待"。一些学校的心理健康教育机构形同虚设，甚至成了"无人向津"的一种摆设，只有一两个心理教师或辅导人员在"孤军奋战"，使得学校心理健康教育难以达到预期的目标。

学校心理健康教育诸多实践误区所蕴含的问题也颇为复杂，非只言片语所能透析。所有这些误区至少都可以归结为一个最大的实质性的"误区"，就是当前我国学校心理健康教育存在功利化倾向。当然，在学校心理健康教育的发展过程中，尤其是在发展初期，出现一些"盲动和浮躁"问题是在所难免的。但这些问题如果不能及时解决，很可能会使我国学校心理健康教育事业偏离健康发展的轨道而误入歧途。

# 第三节　心理健康教育模式建构的反思

正因为对学生心理健康教育本质认识不足，对学生心理需要把握不到位，在实施过程中没有遵循教育的一般规律，当前学生心理健康教育存在的实践误区日益显现，值得关注和警惕。

## 一、学生心理健康教育模式建构的教育误区

### （一）教育目的功利化

随着心理健康教育越来越受到教育行政部门的重视，开展心理健康教育已经成为学校必须承担的教育责任。但是，心理健康教育在某些学校并未得到应有的重视和真心的认可，仅仅是在教育行政部门要求下不得不开展的一项教育活动。并且，有些学校看到了开展心理健康教育背后的"利益"，以开展心理健康教育为由向教育行政部门申请教师编制，实际上招聘的仍然是专业课与基础课的老师。还有一些学校，为了创建所谓的学校特色，开展了一些心理健康教育活动，但多流于形式，"雷声大雨点小"，并未真正地落到实处使学生受益。在这样的学校，心理健康教育成为教育管理体系中的"陪衬品"，成为美化学校教育教学体系的"化妆品"，成为应付教育行政部门检查和评比的"装饰品"。

## （二）教育取向工具化

受到时代多元价值观念的冲击、学生本身所处的尴尬境地和其他多方面因素的影响，学生群体出现的心理问题似乎越来越多、越来越严重，而这成为德育不能承受之"重"，素质教育难以维系之"痛"。于是，心理健康教育成为某些学校注入德育改革的"兴奋剂"、施行素质教育的"助推器"、解决学校教育问题的"灭火器"。心理健康教育存在的意义，似乎就是为了解决学校教育中出现的问题，使学生的问题少一些，使"问题学生"少一些，从而为学校日常教学工作的开展扫清障碍、铺平道路。而这恰恰是心理健康教育在实际施行过程中价值取向工具主义的体现。但是，心理健康教育的地位应该是独立的，绝不是其他教育领域的附庸和补充；心理健康教育应该是作为目的而存在的，而绝非手段。心理健康教育的根本目的在于育人，心理健康教育只有回到人本身，才能体现其存在的价值，这也是人性发展与提升的自觉需要。可惜的是，现实中许多学校对这一点的认识似乎并不充分、尚未到位。

## （三）教育重点问题化

一些学校认为，既然是心理健康教育，顾名思义，就是让心理不健康的学生变得健康。这些学校将心理健康教育工作的重点放在对学生心理问题和行为问题的矫治上，开展工作的思路即为"发现学生问题，分析问题原因，寻找解决对策"。不能说这样的做法是错误的，但至少是片面的。这直接导致心理健康教育工作只会围绕所谓"问题学生"来开展，纵然可以使处在困境中的学生走出困境，却不能使绝大部分心理比较健全的学生发展的需要得到满足。开展学生心理健康教育需要有问题意识，但不能唯"问题"是论，这种"头痛医头，脚痛医脚"的做法，由于忽视了大部分学生心理素质的提高，致使新的问题仍然层出不穷。

## （四）教育内容知识化

有些学校在实施心理健康教育的过程中，简单地认为心理健康教育就是教给学生心理健康知识的过程，就是学生掌握教材上心理学的理论概念的过程。无论是通过课堂教学，还是心理健康知识专题讲座，或者是心理健康知识宣传，其强调的都是学生对心理健康知识的掌握。然而，心理健康教育不单单是心理学基础知识的教育，也不是类似于语文数学英语等基础学科的"符号的教育"；学生对心理健康知识的内化不等同于学生心理素质的提升和完善，也不等同于学生心理调适技能的掌握和运用。将心理健康知识的传授作为心理健康教育的主要内容，将心理健康知识像传统的学科知识一样灌输给学生，是不合理、不科学的，没有体现心理健康教育的本质和特色，是传统"填鸭式"教育的固有思维模式在心理健康教育中的体现，也是学校没有真正理解和掌握心理健康教育内在规律的深刻体现。

### （五）教育形式课堂化

如果把学生心理健康教育放到学校课程体系的重要组成中看，心理健康教育作为一门新兴的课程，离不开课堂教学这一基本的教学形式。有些学校认为，将心理健康教育排上课程表，按照教学大纲制订教学计划，由专门的教师负责授课，就是开展心理健康教育了，就是将心理健康教育落到实处了。这样的做法同样是片面的。课堂教学作为心理健康教育的一种重要载体，对心理健康教育的开展具有重要意义，但是课堂教学仅仅是心理健康教育的一种基本形式、一种有益途径，并不是心理健康教育的全部。将心理健康教育简化为课堂教学，是对心理健康教育的一种误解，是实施心理健康教育的一种误区。心理健康教育与其他课程的最大区别在于，心理健康教育是最需要触动人内心的教育，是一种最需要学生去体验、感受的教育，而单纯的课堂教学囿于条件的限制显然难以达到这一目标。

### （六）教育地位边缘化

与基础知识教育和专业技能教育相比，心理健康教育在某些学校没有获得应有的认可，一直处于边缘的地位。一些学校仍然从传统的教育理念出发，在"技能教育""就业教育"的定式思维下，认为既然是学校，让学生掌握某一专业领域的技能，适应就业市场，提高学校的就业率才是最重要的，其核心旨趣是培养所谓的具备"专业技能"的"人才"，创造一个个就业的"神话"。在某些教师的眼里，心理健康教育甚至是令人厌烦的，占用了教学资源，浪费了教学时间，耽误了专业教师培养所谓的"专门人才"。然而，现实的情况却是，学生专业素质与社会需求实现"接轨"的同时，学生的心理素质却往往与社会需求相背离而严重"脱轨"。学校与其说是为社会输送了大批生产能手、高级蓝领，不如说是为社会制造了一批"机器人""残缺人"或者"变态人"，而这显然已经背离了学校教育"育人为本""先成人再成才"的核心旨趣。

尽管学生心理健康教育存在这样那样的问题，但这些问题在昭示不足与缺陷的同时，也提供了科学发展的专业挑战和实践机遇。关键在于，学校教育工作者能否从诸多问题的背后看到希望和前进方向，进而匡正教育教学理念，优化心理健康教育实践。

## 二、学生心理健康教育模式建构的教育策略

加强和改进心理健康教育，学校应当秉承以人为本、育人至上的理念，遵循学生心理发展和教育教学的一般规律，着力建构多元共生、富有特色的学生心理健康教育模式。

### （一）价值取向：以发展型为主，以矫治型为辅

在很长一段时间，学校心理健康教育将工作的重点放在对学生心理问题的诊断和矫治上，形成了矫治型的心理健康教育。这种教育，主要指专业性的心理咨询人员，在专门的心理咨询室，通过一对一的心理咨询服务解决学生的心理问题和行为问题。在矫治型心理健康教育下，心理健康教育工作者常常带着解决问题的眼光去看待学生，从问题入手来开展工作，他们的职责在于修复学生受伤的心灵。他们的日常工作，就是用诊断病人的心理量表来测量、诊断学生，用类似于记录病史的方式来建立心理咨询档案，形成了一种心理健康教育"医学化"的倾向。有学者认为，"这种'医学式'的心理科学也许正是导致社会或心理问题泛滥的根本原因"。这种说法未免过于激进，但也从侧面说明了心理健康教育"医学化"倾向的深刻弊端。

矫治型心理健康教育的弊端在于其背后的价值取向，在于其导向，而不在于其所为。

当今时代对人性回归的呼声越来越强烈，矫治型心理健康教育已经无法满足人性发展的需求，这就要求心理健康教育必须从消极心理学的理念中走出来，将心理健康教育的功能由修补学生的心理问题转移到引领学生走进心理的"最近发展区"，更好地致力于学生心理的发展。发展型心理健康教育把促使学生主动发展、幸福生活看作自身的主要任务，认为心理健康教育应致力于培育学生的勇气、乐观、理想、信念、诚实、坚定等优良的心理品质，开发学生的潜能，培养学生的积极力量。许多学生将自己看作应试教育的"失利者"，其对心理发展的呼唤是强烈的；将自己看作学历教育的"失败者"，对心理发展的前景是迷茫的。这些学生比其他学生更渴望发展型心理健康教育，比其他学生更需要发展型心理健康教育，以唤起他们的自信和力量。因此，以发展型心理健康教育为主，辅之以矫治型心理健康教育，成为当前学生心理健康教育发展的明智选择。

（二）教育平台：以实体化为主，以网络化为辅

实体平台是学生心理健康教育的主要平台。所谓心理健康教育的"实体"平台，是相对于虚拟的网络心理健康教育平台而言的，是指所处的环境、参与的人员是可触知的、有形的，存在于特定具体的时间、空间，如心理健康教育课程、讲座、游戏、团体辅导、心理剧等。这些心理健康教育形式有固定的场所、专门的人员，可以为学生直接感知到，是真实的、具体的、有形的，也是"实体化"的。网络时代的迅速崛起为心理健康教育提供了新的平台，通过网络开展心理健康教育受到了学校的青睐。一些学校或在其门户网站上设置了心理健康教育的专题，或建立了专门的心理健康教育网站，利用网络的快捷性、保密性、开放性、平等性等优势，传播心理健康知识，进行心理健康教育。网络心理健康教育拓展了心理健康教育的途径，具有"实体"平台不具备的优势，值得推广。

网络心理健康教育作为一种新兴的心理健康教育平台，如何更好地发挥

其作用还有待在实践中深入研究。毫无疑问，网络这一虚拟平台顺应了当代学生交流、学习和生活的习惯，受到学生的欢迎。但试图以网络的形式取代实体形式，仅仅通过建设心理健康教育网站就宣称进行心理健康教育的做法是片面的。实体模式仍是学生心理健康教育的主阵地，不可本末倒置。建构学生心理健康教育模式，必须坚持以实体化平台为主，以网络化平台为辅，发挥二者的优势，弥补各自的不足，通过思想观念的整合、工作机制的整合、目标内容的整合，以及工作队伍的整合，形成相得益彰、相互借鉴、相互配合的一体化工作格局，更好地服务于学生的心理发展。

（三）教育形式：以活动体验为主，以传授说服为辅

心理健康教育是一种特殊的教育。没有哪种教育比心理健康教育更需要触动人的心灵，也没有哪一种教育比真正的心理健康教育更能触动人的心灵。心理健康教育需要以课堂为阵地，向学生传授基本的心理健康知识；需要通过专题专家讲座，向学生传授心理调节的方法。但是传授不应是心理健康教育的主导形式，更不能成为心理健康教育的唯一形式。所谓体验型心理健康教育，就是要区别于刻板化、程式化的教学，创造并选择能够让学生的知、情、意、行全部投入其中并能触动学生心灵的教育形式作为教育的主要手段。事实上，类似的教育手段在学生心理健康教育的实践中已经开始运用，如心理剧、角色扮演、情景模拟、团体心理辅导等。在这样的教育形式中，以"教师为中心"的教学必须转变为以"学生为中心"。教师和学生都需要转换自己的角色，教师要从"主角"走向"配角"，而学生要从"旁观者"变成"当事人"。要让学生在活动过程中体验心理冲突，感受心理变化，获得心理感悟，进而促进心理成长。学校要不断创新适合学生的教育活动形式，优化心理健康教育成效。

（四）教育队伍：以全员参与为主，以专职专门为辅

维护学生心理健康、提升学生心理素养仅仅依靠专门的心理教师是远远不够的，一个极端的印证是对学生心理健康没有任何意识的其他课程的老师，在其不当教育教学方法的影响下，可能使原本没有心理问题的学生出现问题，

比如学生在遭受体罚、责骂后出现自残自杀行为。因此，全员参与心理健康教育最基本的意义，不在于学校行政管理岗位和教学岗位的老师都去开展专门的教育活动，这在短期内并不现实也没有必要；而在于学校的行政决策能否考虑到学生的心理需求，教师的教学方法是否符合学生心理发展的规律，这才是问题的关键。不能让学校不当的行政和教学行为成为导致学生心理问题的"纵火者"，而让专职的心理老师去充当"消防员"；恰恰相反，要让全体教职员工成为学生心理健康的共同维护者，专职专门的心理教师成为学生心理素养的提升者和开拓者。全体教职员工参与，实际上是要提升行政和教学岗位的老师对学生心理健康的重视，营造良好的学生心理健康教育校园氛围。

心理健康教育是一项复杂的专业性很强的教育工作，其开展离不开专职的心理教师。比如心理咨询、心理测量等工作，没有一定的专业知识和专业技能是无法胜任的。专职的心理教师在学校心理健康教育中处于主导的地位，其专业水平、专业技能，对学校心理健康教育工作的成效有着重大的影响。因此，专职的心理教师需要不断学习更新心理健康教育的理念，以及提升心理健康教育的技能，以更好地满足学生心理发展的需求。当然，在专职心理教师的引领下，其他学科的专业教师进行协同合作，创新心理健康教育模式，会取得更好的教育成效。例如，体育老师参与心理健康教育，将团体心理辅导和户外拓展活动结合起来，发挥两种活动的优势，就是一种很好的心理健康教育方式。总之，推进学生心理健康教育，离不开学校全体师生员工的共同参与，专职教师更是责无旁贷。

综观世界教育的发展趋势，大众化、国际化、网络化和集团化已经或正在形成，它同样昭示着心理健康教育模式的未来。深入研究、科学推进、自觉建构心理健康教育模式，必将有助于促进我国教育与世界教育的互动对话、沟通交流。探寻和建构更为理想、更具特色、更加科学的学生心理健康教育模式，需要一个长期的教育实践创新过程。可以相信，研究与建构学生心理健康教育模式，必然能够丰富和拓展学校教育管理模式，也必将为学校教育实践创新做出自己的贡献。

第三章

# 心理健康教育模式建构的理论依据与框架

# 第一节　心理健康教育模式建构的理论依据

心理健康教育是学校素质教育的重要内容和组成部分，加强和改进新时期学生心理健康教育是一项复杂的系统工程和创新工程。唯有更新观念、科学探索、狠抓落实、提升水平、创建特色、坚持不懈，才能推动学生心理健康教育的积极发展，建构高起点、有特色、可操作的学生心理健康教育模式。从理论的角度建构心理健康教育模式，必然不能脱离建构模式所要遵循的基本原则和科学方法。建构学生心理健康教育模式，既要依托相应的心理学理论，又要分析组成模式的各要素和它们之间的关系。

## 一、学生心理健康教育模式建构的心理学基础

虽然约翰·赫尔巴特（Johann Herbart）早在 19 世纪就提出要在伦理学基础上建立起教育目的论，在心理学基础上建立起教育方法论；但在心理健康教育研究和实践过程中，人们并没有自觉地引进心理科学理论成果，往往是凭直觉来应用有关心理学知识。自从开始研究和建构教育模式后，人们才自觉引进心理科学的新理论、新成果来作为当代心理健康教育模式的理论基础。积极心理学、人本主义心理学和建构主义心理学是学生心理健康教育模式建构的三大理论基石。

### （一）积极心理学的思想

"积极心理学是致力于研究人的发展潜力和美德等积极品质的一门科学"，最早由美国当代著名心理学家马丁·塞利格曼（Martin Seligman）发起。积极心理学把研究重点放在人自身的积极因素方面，主张心理学要以人的固有美德作为出发点，倡导用一种积极的眼光对人的心理现象做出新的解读，以激发人自身内在的积极力量，并挖掘人的潜力。积极心理学不仅致力于研究如何使身处逆境中的人学会生存和发展，更注重研究如何使处在正常境况

下的人学会建立起高质量的、有尊严的生活。显然，积极心理学是对传统消极心理学的一种修正，它将传统消极心理学过于集中于人的心理问题的研究转移到了人的发展和幸福生活上，使现代心理学的研究方向重新回到了心理学发展的"应然"轨道上，具有极其重要的意义。需要指出的是，积极心理学并不是不研究人的心理问题，恰恰相反，其着力于心理疾病的治疗和预防方面，而不是修正缺陷。预防的大部分任务将是建造一门有关人类力量的科学，其使命是提出与众不同的思想："预防工作中所取得的巨大进步不是来自在个体内部系统地塑造各项能力，而是修正缺陷。"由此可见，积极心理学并非对消极心理学的全盘否定，而是提出了心理学发展的一种新的导向，进而使得倒向消极心理学的心理学天平重归平衡：实现积极心理学和消极心理学的价值平衡，实现现代心理学的重构和功能的完善，实现心理学本身的价值回归——为了人类的幸福而存在。

积极心理学的思想对于开展学生心理健康教育具有重要的启示。在积极心理学理念的指导下，学校教师应致力于培养学生积极的心灵和品德。学校教师要善于用积极的人性观去认识学生，用积极的思维方式去看待学生，用积极的认知去理解学生的不足和缺点，而不是简单责怪和歧视学生，以建立一种基于人格平等、理解信任基础上的积极的师生关系。学校教师不仅要用积极的心态对待教学过程中出现的问题，用积极的心态解决学生发展过程中出现的问题，更要重视引导学生运用积极心理学的思想自己去分析问题、解决问题。

## （二）人本主义心理学的思想

被誉为心理学发展"第三势力"的人本主义心理学是20世纪五六十年代在美国兴起的一股心理学思潮，其最主要的代表人物是亚伯拉罕·马斯洛（Abraham Maslow）和卡尔·罗杰斯（Carl Rogers）。人本主义心理学反对行为主义的环境决定论和精神分析的生物还原论，在自然人性论的基础上，突破了自然科学的实验方法，从现象学的角度对正常人、健康人的高级心理进行了开创性的研究，主张心理学应该致力于研究人的本性、潜能、价值、经验、创造力等。人本主义心理学将人性的尊重与关怀上升到了一个新的高度，把人的尊严和自由置于核心位置，将人性的发展视为心理学最重要的使命。人本主义心理学在自我实现理论及患者中心理论的基础上提出了知情统一的教学目标观、有意义的自由学习观，以及以学生为中心的教学观，丰富了现代教育理念，拓展了现代教育实践，对现代教育改革产生了深远影响。

按照人本主义心理学的思想，需要坚定以人为本、以人为贵、以人为重的心理健康教育人性化理念。学校教师要遵循"真诚、移情和无条件积极关注"的原则，将学生发展与成才作为教育工作的根本。不管对"人性"有着怎样的理解，如果持人性本恶的观点，至少应该认为人性是可以改造的；如果持人性本善的观点，至少应该认为人性是可以发展的；如果持人性无善恶论的观点，至少应该认为人性是可以塑造的。唯有如此，才能使学生心理健康教育符合"一切从人出发，一切为了人，一切服务于人，一切着眼于人的全面发展，重视人的生命和生活，关怀人的价值和使命，关照人的精神和信仰"的要求。

### （三）建构主义心理学的思想

建构主义是当代心理学理论从行为主义发展到认知主义以后的进一步发展，主要受到约翰·杜威（John Dewey）的经验性学习理论、列夫·维果茨基（Lev Vygotsky）的文化历史发展理论，以及简·皮亚杰（Jean Piaget）的认知发展理论的影响。尽管建构主义的理论体系繁杂而庞大，但是建构主义者一般认为，世界是客观存在的，而对世界的理解和解释却由于主体经验背景的不同而不同，因而是多元的。个体对外部世界的理解离不开原有的经验或心理结构，是在主客体相互作用的基础上通过双向建构生成的，具有主体性、社会性以及情境性等特征。建构主义视学生为学习的中心，鼓励学生基于自己的生活经验和背景对知识进行主动探索、对意义进行主动建构；视教师为学习的帮助者和促进者，并强调情境设置在学习过程中的重要作用。建构主义的核心理念就是肯定学生的主体性，强调学生心理生成和发展的自主建构。

从建构主义心理学来看学生心理健康教育，就是要肯定学生的自主性、差异性、能动性。要提高学生心理素质，最主要的就是承认学生发展上的差异，不能把他们驾在同一辆"马车"上向同一个"方向"前进，而应该把学生在发展方向上的差异作为一种资源来开发，给每一个学生提供自主建构的机会和条件，让每个学生都能充分地自主发展，以适应社会对多类型、多层次、多规格人才的需要。

## 二、学生心理健康教育模式建构的教育学理念

心理健康教育在我国现阶段是一项开创性的新兴事业，是一项以人为本、助人自助、与人为善、育人至上的崇高事业。要实现心理健康教育由"被动防御型"向"引领发展型"的根本转变，就需要学校教育工作者积极树立新理念，创造新经验，建构新模式。

### （一）学生心理健康教育目标贵在以人为本

"心理教育是关注人类心灵世界的一个复杂系统，是关心人类心理生活的一种现代理念，是关照人类现代人性的一种新型教育，是关怀人类精神生命的一种崇高事业。"现代心理健康教育，应是以人为本的心理素质教育，是主体性、发展性的心理健康教育，即促进人的素质现代化，以人的现代化推进社会现代化的现代心理健康教育。也就是说，人是心理健康教育目标的主题和实质，心理健康教育是关于人、为了人和真正使人"成人"的新型教育。

1.心理健康教育要以生为本

所谓"以生为本"，就是"一切为了学生，为了一切学生，为了学生的一切"。心理健康教育是学生"人之为人"的教育，而不是社会和学校的工具，"成人"是学校心理健康教育的核心旨趣。学校心理健康教育应当以现代人性观为指导，从学生生理、心理特点和个性发展的特殊性出发，培养学生良好的心理素质，实现身心健康发展。引导学生做心理健康的现代人，引领学生人格现代化，是建构学生心理健康教育模式的出发点和落脚点。

### 2. 心理健康教育要以学为本

所谓"以学为本"，就是引导学生"学会认知、学会做事、学会共处和学会生存"。学习是学生的主要任务和主导活动。在学校学习阶段，学生就是要学生活的知识，学生存的技能，学生长的意义，学生态的价值，学生命的智慧。引导学生学会自主性学习、创新性学习和实践性学习，全面实现学生学习与心理素养的自觉"革命"，是学校心理健康教育的时代主题。学校心理健康教育要着眼于学生丰富多彩的校园文化生活、现实社会生活，以及今后的职业生活，服务并服从于学校素质教育，注重全面提高学生的文明素养、学习素养、职业素养和心理素养。

### 3. 心理健康教育要以校为本

校本发展是当今学校教育改革创新的重要趋向。按照一般的理解，"以校为本""以学校为本""以学校为基础"，校本心理健康教育是为了学校，是基于学校的心理健康教育。作为心理健康教育实施的基本单位，最重要的就是从学校实际出发，充分利用本校特色教育资源，促进学校事业发展和学生素质和谐发展。主要体现在四个方面，即校本课程、校本培训、校本管理和校本研究。善于利用其他学校所没有的心理健康教育资源，充分发挥学校自身的优势与独特资源，是彰显学生心理健康教育个性与特色的重要抓手。以生为本、以学为本、以校为本这三个方面反映了人本心理健康教育的基本价值取向，也真正体现了现代人本心理健康教育的真谛和使命。必须明确的是，它们本身不是心理健康教育的根本目的，而是为了更好地体现和实现以人为本的心理健康教育理念，形成和建构学生心理健康教育的特色，促进学生心理的健康、和谐与可持续发展。心理健康教育只有定位在"人本心育"的基本点上，实践和建构"以人为本"的心理健康教育理念，其长远效益和发展前景才会是美好、灿烂的，这样的心理健康教育才是最受学生欢迎、最富有生机和活力的。

## （二）学生心理健康教育活动重在精益求精

活动是心理健康教育教学的基本形式。基于教育课程改革的视野，心理课堂活动更要高质量、有创意、易操作、重体验。心理健康教育课堂教学活动不在多，而在于精，贵在精益求精。学校心理教师要在"精"字上做文章、下功夫、求实效，就是在心理健康教育课堂教学的目标确定、人员安排、过程调控和活动设计等方面要精益求精，做到精确、精神、精巧和精致。

1. 活动目标要精确

心理健康教育的目标就在于预防心理障碍，维护心理健康，开发心理潜能，促进学生心理自主和谐健康发展。心理健康教育活动要坚持"以育人为本"，让每个学生得到充分的发展。学校心理教师要从学生的心理发展现状和实际需要出发，可以和学生一起商定、共同制定课堂教学目标，做到精心设计、清晰明确，做到精通心理健康教育教学主题，把握心理健康教育各方面目标的精髓所在，把握心理健康教育课堂教学的精华。

2. 活动主体要精神

学校心理教师在课堂活动的人员组织安排上善于用人所长、扬长避短，善用"精兵强将"，给每一个学生提供充分展示自我的机会。既要引导学生发扬团队合作精神，做到精诚团结、相互支持、密切协作，以积极乐观的心态面对困难与挑战，自身也要保持积极健康的精神状态，做到精力充沛、精神抖擞、精神振奋，做到教学仪态自然大方、言谈举止优美得体，着力形成愉悦和谐的课堂教学氛围。

3. 活动过程要精巧

在现代课程改革理念的指导下，学校心理教师对课堂教学的全过程要精心组织，在教学过程的每一个环节中都要精雕细刻，主要表现在以下几个方面：一是教学手段技术上要做到精心安排，尤其是现代化的多媒体教学手段，心理教师要熟练掌握，适时适度地正确使用，讲究直观教学的目的性、针对性和适切性。二是教学内容材料要精心准备，做到围绕心理健康教育课程目标精选教学内容和资料，保证教学内容和教学资料具有先进性和时代性，在科学性和思想性等方面不出差错。做到贴近教育实际，贴近现实社会生活，贴近学生心理世界，适当精简课堂教学用的心理材料，为学生适时提供为其所喜闻乐见的心理格言、名言或警句。三是教学语言上要精心提炼，从设计确立的课堂教学目标出发精讲自己的思想观点，就是思想观点要精辟深刻。在课堂上心理教师表达的话语不在多而在于精，给学生一种余音绕梁、回味无穷的感觉，特别是在学生活动体验交流之后要精心小结，言简意赅，这样能够取得画龙点睛、事半功倍之效。四是教学时间安排上要精打细算，把握好课堂教学节奏，做到自然过渡、有序推进、结构紧凑，避免给人一种前松后紧、虎头蛇尾的感觉。五是教学方法方式上要坚持启发式、废止注入式，富有体验性，充分调动学生的积极性和创造性，适合学生的心理特点和需求，充当心理活动的"促进者""联络员"和"主持人"，充分展示自己独特的教学风格、精湛的教学艺术和高超的教育智慧。

4.活动设计要精致

心理教师要全面考虑活动过程的师生互动，活动之前对学生的相关要求要明确具体，注意激发学生参与活动的兴趣，活动过程要充分展开，关注学生的活动参与度，引导学生自觉参与、激情投入，引导学生在自主合作探究式的活动中积极体验、自主建构；活动之后心理教师进行必要的教学小结与反思，了解学生心理体验的深刻性，努力实现健康心理、健全人格、陶冶心灵和提升精神的心理健康教育目标。反思当下现实，心理教师在课堂上可以适当精简一些活动，不要刻意追求活动数量的多少，或者课堂教学活动形式上的标新立异、故意花哨。

精益求精，就是注重心理健康教育课堂教学目标的充分实现和全面优化，力求心理健康教育教学全过程的精工细作，心理健康教育活动设计的精练精致；就是要努力打造出心理健康教育活动的"佳品""极品"与"精品"，追求妙不可言、精妙绝伦的心理健康教育效应和效果，追求美不胜收、精彩卓越的心理健康教育理想境界。

（三）学生心理健康教育发展成在与时俱进

与时俱进是时代的强音和科学的命题。与时俱进同样是学生心理健康教育应有的发展状态、重要的教育理念和做好工作的思想保证。与时俱进，就是学校心理健康教育的全部理论和工作要体现时代性，把握规律性，富于创造性。与时俱进的核心，就是运用辩证唯物主义的思想、观点和方法去探索心理健康教育的规律，研究时代发展的特征，解决现实的心理健康教育问题，创造性地开展工作。这决定着学生心理健康教育模式的质量与水平。

心理健康教育课程建设要和学生日常教育与管理工作紧密结合，全面融入学校的教学、管理和服务等各项工作中。要树立"心理育人，人人皆有责""心理育人，各学科有责"的基本信念，在教学、科研、管理、环境和服务等方面全方位地推进心理健康教育。这就要求学校心理教师必须切实把握当代学生的心理发展脉搏，以"导"为基本原则和主要方法，对学生心理发展多引导、心理矛盾多辅导、心理问题多疏导，增强心理健康教育的吸引力与亲和力，提高工作的针对性和实用性，才能真正为学生所欢迎，赢得学生的信任。现在最为关键、最为迫切的是，教育行政部门和学校要与时俱进，进一步优化心理健康教育改革的思路：要转变观念，提高对心理健康教育的重视程度；要健全机制，加大心理健康教育建设的投入力度；要加强管理，提升心理健康教育建设的统筹强度；要建构模式，进行整体推进，努力开拓心理健康教育的新境界，把学校心理健康教育真正落到实处。

从某种意义上说，积极开展心理健康教育的过程，就是学校形成自身心理健康教育特色的过程，就是积极建构学校心理健康教育模式的过程。心理健康教育模式的建构有四点基本要求：富有特色、起点较高、便于操作、充分整合。心理健康教育发展的具体操作模式可以多种多样，关键是要有大心理健康教育观：一是心理健康教育与各学科教学的有机融合；二是课内心理健康教育与课外心理健康教育的有机结合；三是显性心理健康教育与隐性（潜在）心理健康教育的有机结合；四是心理健康教育课程与学校班级管理、班主任工作、共青团和学生会工作及校园文化活动的有机结合；五是德育、智育、体育、美育、劳育等与心理健康教育的有机结合；六是学校、社会（社区）、家庭与自我心理健康教育四方面的有机结合。只有真正达成"心理健康教育是一个育人的系统工程"这样的共识，才能切实避免"各吹各的号，各定各的调"式的内耗。

推进学生心理健康教育发展，要面向所有学生，做到真抓实干、求真务实，避免浮光掠影的简单化做法和形式化倾向。从目前实际情况看，学生心理健康教育建设起步比较晚，起点比较低，更需要"积极推进、实事求是、科学规划、加强领导"，努力做到"四个一"：实施"一把手"工程，即校长或主要领导牵头负责，充分整合全方位的教育资源，积极组织实施，把心理健康教育工作做深做实；确立"一盘棋"思路，即把心理健康教育视为学校的一项工作制度和教育理念，纳入学校整体教育工作中去考虑、去规划；建构"一体化"格局，即正确对待学校心理健康教育与德育的关系，实现心理健康教育和道德教育的和谐发展、相得益彰；实行"一条龙"服务，即从入学适应、校园生活到学生毕业走向社会、踏上工作岗位，都以促进人格现代化的心理健康教育为主线，把心理健康教育贯穿于学校教育教学的各阶段、全过程。

学校心理健康教育就是促进和引领学生成长成人、成才成功的"希望工程""阳光工程"和"幸福工程"。心理健康教育在现代教育体系中有着不可替代的重要地位，是学校素质教育的基础、核心和中介。心理健康教育在某种意义上可以说是一场教育思想和观念的"革命"。心理健康教育对当前学生素质发展而言不再是可有可无的，也不应该是现代教育系统外在的"赘生物"。因此，要善于在素质教育场域中重新认识心理健康教育的价值，自觉地把心理健康教育纳入学校教育整体中，自觉地把心理健康教育作为一种现代教育理念、教育制度看待；要适应学生心理健康教育实践的发展，以实践来检验，自觉地把思想认识从那些不合时宜的观念、做法和体制的束缚中解放出来。或许，只有在心理健康教育观念现代化变革的前提下，建构学生心理健康教育模式才能真正实现。

## 三、学生心理健康教育模式建构的管理学路径

服务、教育、引导和管理是心理健康教育的基本职能。可以说，学校心理健康教育工作，就是为了学生的成才和发展强化心理服务工作，就是和学生一起优化心理教育工作，就是为促进学生和谐自主发展而多做心理引导工作，就是为维护学生的心理权益而深化心理管理工作。目前，学生心理健康

教育存在的主要问题有：工作职能上管教过多，服务过少；教育方式上言教过多，活动体验过少；管理方式上指挥过多，指导过少；服务方式上被动过多，主动过少，影响了心理健康教育工作的成效。建构学生心理健康教育模式，要树立"助人自助与自助助人"的信念，坚持"成才与发展为本、教育与管理为纲、引导与服务为主"的工作方针，着力创新工作职能，提升工作效能。

### （一）着力创新学生心理健康教育职能

心理健康教育是以心灵呼唤心灵，以人格塑造人格，以精神感染精神，以思想转化思想，以智慧培植智慧，以生命点燃生命的教育过程。建构学生心理健康教育模式，追求的不仅仅是心理健康教育工作的规范、制度、方法与技术，更应注重建构专业化发展的教育教学思想、理念、智慧与艺术。

1. 转变思想观念，增强服务意识

"以学生发展为本，为学生成才服务"是学校心理健康教育工作所倡导的时代理念，就是要在实践中自觉地把学生视为学校事业的生命之线、生存之根、发展之本。学校应该贴近学生的生活世界，贴近学生的情感需求，贴近学生的生涯规划，为广大学生办实事、做好事、解难事，真正立足于解决学生的实际问题来改进心理健康教育工作，做到情为学生所系，权为学生所用，利为学生所谋，"想学生之所虑，急学生之所难，谋学生之所求"。

2. 转换专业角色，注重教育过程

学校心理健康教育工作者是学生发展的"人格引领者""精神关怀者"和"重要他人"。心理健康教育工作者要善于扮演好多重专业角色，善于做有思想的"教育家"，做能创新的"研究者"，做善反思的"实践者"，做务实际的"多面手"；善于变教育者的角色、权威者的角色和管理者的角色为"心灵导师"的角色、"心理导演"的角色和"心智导游"的角色。

3. 转化精神状态，创新引导艺术

学校心理健康教育工作者必须始终保持与时俱进、奋发有为的精神状态，树立"创新创特色，创业创一流，创优创实效"的意识，增强"敢于争先，勇于拼搏，善于超越"的意识。学校心理健康教育工作者要改变一切工作都"唯书"或"唯上"，克服怨天尤人、无所作为的消极心态，变被动防守、疲于应付为主动出击、科学引导，围绕学生的成人成才成功而运转，对学生的人生未来发展负责，善于引领学生追求卓越的人生目标。

4.转移工作平台，提升管理水平

一切为了学生，一切依靠学生，从学生中来，到学生中去，这是学校心理健康教育工作的优良传统。切实加强心理健康教育，就要把大多数学生需要不需要、满意不满意作为一切工作的出发点和落脚点。学校心理健康教育工作者不能够局限在办公室、会议室和文件中布置安排心理健康教育工作，满足于做好一般性、日常性和事务性的心理健康教育工作，而是要善于深入学生宿舍和公寓，进行走访调研，在教室和辅导室里、在课堂上和操场上了解学生的真实信息，在"零距离"与学生对话交流活动中观察思考。学校心理健康教育工作者要不断创新和变革管理方式，从权力化管理、制度化管理向人格化管理、人性化管理转变，从封闭式、强迫式管理向民主式、自主式管理转变，从常规事务型管理向特色创新型管理转变，从经验化管理向专业化管理转变。

（二）科学提升学校心理健康教育效能

建构学生心理健康教育模式，更要在科学提升心理健康教育工作效能上下功夫、求实效。

1.用心重于用力

亚里士多德说过，"教育心智而不教育心灵就是没有进行教育"。心理健康教育工作首先是人心之学，不了解学生心灵就谈不上开展心理健康教育工作。心理健康教育工作是心灵对心灵的理解与沟通、心灵对心灵的耕耘与创造。心理健康教育工作就是"知心"和"贴心"的教育，是以心"换"心、以心"唤"心、以心"焕"心的工作艺术，更需要心理健康教育工作者学会做有心人，用"心"去做，而不只是简单地用力、用劲和用时间。

2. 引导重于矫正

学校心理健康教育工作必须坚持"教育有法，但无定法，贵在得法"。所谓"得法"，就是要经常性反思自己的教育过程、管理工作和服务意识，以"导"为教育原则和主要方法，多做引导性、指导性、辅导性和疏导性的工作，对学生的思想问题要开导，道德问题要教导，学习问题要辅导，生活问题要引导，择业问题要指导，心理问题要疏导，行为问题要督导。学校心理健康教育工作者既要讲工作过程的人格魅力，又要讲教育实践的智慧艺术；既要坚持工作的原则性，又要把握工作的灵活性。

3. 行动重于策划

俗话说，"心动不如行动""实干兴邦，空谈误国"。学校心理健康教育工作者唯有求真务实，大兴求实笃行之风，才能做到工作思路务实、工作目标求实、工作措施扎实、工作成效真实。通过专业理论学习、反思专业实践和开展校本心理科研等途径来实现自身的积极发展，努力成为创新型和智慧型心理健康教育工作者，成为专业化和专家型心理健康教育工作者。

4. 责任重于泰山

古今兴盛皆在于实，天下大事必作于细。细节决定成败。心理健康教育工作无小事，学生学习生活和发展成长中的每一件事都是丝毫马虎不得、耽误不得的大事。学校心理健康教育工作者要进一步强化责任感和使命感，把实际工作中每一件不起眼的小事情做精细了，就是伟大；把教育实践中每一件平凡的小事情做精致了，就是真正的不平凡。

5. 人格重于知识

古人云："政者正也。其身正，不令而行；其身不正，虽令不从。"俄国教育家康斯坦丁·乌申斯基（Constantine Ushinsky）说："在教育中，一切都应以教育者的人格为依据，因而教育的力量只能从人的人格这个活的源泉流露出来。任何规章制度，任何人为的机关，无论设想得如何巧妙，都不能代替教育事业中教育者人格的作用。"学校心理健康教育工作者要自觉完善心理素养和文明素养，以自身的高尚人格来塑造学生的健全人格，因为一位为人师表、人格优秀的学校教师，本身就是一本用生命智慧和教育艺术打开的学校心理健康教材。

6. 身教重于言教

著名教育学家叶澜教授说："没有教师生命质量的提升，就很难有高的教育质量；没有教师精神的解放，就很难有学生精神的解放；没有教师的主动发展，就很难有学生的主动发展；没有教师的教育创造，就很难有学生的创造精神。"学校心理健康教育工作者要以学习来示范学习，做自主学习、创新学习的榜样，做刻苦学习、终身学习的典范；要以文明习惯来培养学生的习惯，以创新意识与能力来培育学生的创新精神；要以自身的教育艺术来引导学生领悟人生的智慧，以自身专业化发展来引导学生追求积极向上的成长目标。

建构学生心理健康教育模式，学校教育工作者要树立教育系统的和谐发展理念，不能只为心理健康教育工作而做心理健康教育工作，就心理健康教育工作来抓心理健康教育工作。把握新形势、承担新使命、迎接新挑战，学校心理健康教育工作者义不容辞、责无旁贷。建构学生心理健康教育模式，更需要树立新理念、拓展新思路、打造新品牌，需要创新工作过程，改变管理方式，提高服务水平，一心一意促发展，全心全意抓落实，诚心诚意思创新，真心真意建特色，积极引导和促进学生和谐发展、成人成才。

聚焦心理健康教育已经成为当今教育研究的新思潮，但要推广心理健康教育的实践智慧，丰富和完善心理健康教育思想，显然还要走很长一段路程。而建构积极型、发展性、自助式和整合化学生心理健康教育模式，更是一个全方位、基础性的系统工程、复杂工程和创新工程，终将引发一场更为深刻的教育思想变革和实践创新。

# 第二节　心理健康教育模式建构的理论框架

不难理解，建构是结构和建造逻辑的表现形式。建构着重系统的建立，强调建造的过程，注重技术、结构、材料和表现形式等。建构包括设计、构建、建造等内容，是一个三位一体的集合，是一个全过程的综合反映。理想的学生心理健康教育模式，既能够代表学生心理健康教育科学发展的先进理念，又能够充分体现学生心理健康教育改革创新的理性实践，应当做到理念科学现代，理论充分合理，目标切合实际，自主行动积极，操作策略明晰，经验特色显现。

## 一、学生心理健康教育模式建构的认识论

从现实来看，学生心理健康教育呈现出多学科关注、多方面参与的景象。这就要求来自不同专业领域、持不同教育思想观念的教育工作者，对学生心理健康教育的核心价值和基本规律形成科学的共识。而建立这一科学的共识，离不开学生心理健康教育"安身立命"的三个最为重要的支点——哲学、心理学及教育学。借助这三个支点，可以看到学生心理健康教育的发展趋势。

### （一）学生心理健康教育的价值审视

实施学生心理健康教育，要从哲学、心理学及教育学的学科视角审视心理健康教育的重要支点，理性反思学校心理健康教育实践存在的误区，秉承以人为本、发展人性的理念，科学建构多元共生、富有校本特色与时代内涵的学生心理健康教育模式。

1. 哲学视域的审视：明确以人为本、发展人性的价值取向

之所以要在哲学的视野中审视心理健康教育，哲学是心理健康教育的根基。有什么样的哲学思考，就有什么样的心理健康教育，离开了正确哲学观念指导的心理健康教育必将走向歧途。对学生心理健康教育进行哲学方面的反思，实际上也就是对心理健康教育的本质是什么的一种探寻。有学者提出，

心理健康教育的本质是"人类有意识、有目的地促进自身心理发展的一种实践活动"。既然心理健康教育本质上是围绕着人而开展的一项活动，那么对人的关切就成了心理健康教育无法回避的主题，心理健康教育的全部价值也就在于人。可以说，心理健康教育的核心价值就是发展和提升人性，以及塑造和完善人性。而对多学科视域下学生心理健康教育的探讨，也必然不能脱离这一根本价值理念的指导和规范，不能脱离以人为本、发展人性这一根本目的。

2. 心理学视域的审视：满足学生心理发展的多重需要

之所以要在心理学的视域下审视心理健康教育，是因为心理学揭示了人的心理生成与发展的一般规律。研究心理健康教育、建构心理健康教育的模式，都必须从人的心理生成和发展的一般特征出发，包括不同时代所赋予人的心理的时代特征、不同群体所具有的共同心理特征，以及个体独具的个性心理特征。

开展学生心理健康教育，必然不能脱离学生心理发展所处的年龄阶段。学生一般处于十五六岁至十八九岁，正是由青春期向青年期过渡的时期，是逻辑思维发展日渐成熟的时期，是情绪发展的狂飙期和反抗期，是自我意识稳定、价值观形成、道德趋向成熟期，同时也是心理发展的不平衡期。当代学生具有鲜明的特征，有学者将其概括为"五强五弱"："一是时代感强，责任感比较弱；二是认同感强，实践能力比较弱；三是参与性比较强，辨别能力比较弱；四是主体意识强，集体观念比较弱；五是个性特别强，心理承受能力比较弱。"当代学生的这些心理特点，是建构学生心理健康教育模式不可或缺的重要依据。

职高学生的学习由普通教育向职业教育的转变，发展方向由升学为主向就业为主的转变，以及面临职业选择、就业压力等多方面的挑战，使得学生的心理发展和面临的心理困惑，主要在学习心理、情感心理、个性心理、自我心理、人际心理、性心理、择业心理等方面，呈现出不同于普高学生和大学生的特点。而这些特点又与学生心理发展的年龄特点、学生心理发展的时代特点融合在一起，其复杂性不言而喻。在关注学生群体心理特点的同时，也要关注个体独具的心理特征。每个人心理的发生与发展，都是遗传和环境相互作用的产物，不同的遗传素质，不同的成长环境，形成了个体独有的心理特征。开展学生心理健康教育，既要抓好"面"，又要关注"点"；既要从学生共有的心理特征出发，又要针对个体独有的心理特征开展有针对性的教育活动，唯有如此，才能真正使心理健康教育惠及每一个学生。

3.教育学视域的审视：把握心理健康教育的一般规律

如果说哲学为学生心理健康教育提供了目标和方向，心理学为学生心理健康教育提供了航道和支架，那么教育学可以说为学生心理健康教育提供了工具和方法。教育学为心理健康教育提供切实可行的方法和策略，要求心理健康教育必须遵循教育的一般规律：明确具体的教育目标，制定可行的教育大纲，完善心理健康教育内容，开设心理健康课程，确定教育评价标准，以及对教育成效的检验与考核等。教育学更为心理健康教育模式的建构提供了可资借鉴的现代教育精神，即更加注重对人性的关照、对人的心理发展的关怀。另外，从教育学的视野审视心理健康教育，还必须协调其与其他教育学科的关系，明确其在教育体系中的定位，这在某种意义上将直接决定心理健康教育实施的成效。

当然，从教育学的视域审视心理健康教育模式，只是借鉴教育学的科学原理和遵循教育实施的一般规律，并不意味着心理健康教育可以同其他的学科教育等同起来，心理健康教育模式不等同于一般的学科教育模式，应遵循其本身特有的规律。同时，这一反思更是为建构学生心理健康教育模式提供思路、明确价值、找准方向。

## （二）建构学生心理健康教育模式的现代理念

模式不仅要指导当下的学生心理健康教育活动，而且应该着眼于未来，在理念和操作上具有前瞻性和超越性，而这离不开心理科学理论的指导和现代职教理念的支撑。

1.内涵发展的理念

内涵是指概念所揭示的事物的本质特征，即事物质的规定性。所谓内涵发展，是指把握事物的本质属性，推动事物朝着健康、高效、有序的方向发展。研究学生心理健康教育模式，应从整体上对什么是学生心理健康教育，也即学生心理健康教育的本质、功能、属性等形成科学合理的认识；对模式的组成要素审视、选择、整合，以形成完整的体系。建构学生心理健康教育模式，学校要强化内涵发展和特色发展的"问题意识"，即建构模式的重心是什么，建构模式究竟为什么，建构模式应该做什么，建构模式怎么做得好，建构模式需要注意些什么。加强模式内涵建设，学校要切实增强责任感和紧迫感，科学认识、深刻理解并积极实践，从思想认识、教育观念、目标设计、课程建设、队伍优化、行动研究和特色创新等方面全面推进。

2. 育人为本的理念

人是教育的主题和主体，是学校心理健康教育的逻辑起点和归宿。谈及模式建构，必须直面三个重要问题：学生为什么要接受心理健康教育？学生应该接受什么样的心理健康教育？如何使学生接受适合的、优质的心理健康教育？立足于促进学生的心理和谐和人格健全，心理健康教育不是"护短""揭短"和"补短"，而是要"加长""扬长"和"拉长"，引导学生有特长、个性化地发展；心理健康教育不是诊疗般矫正、干预和预防，而是更加注重心理建设、心理成长和心理资本发展。学校心理健康教育工作者要树立以人为本的教育价值观、与人为善的教育人性观、助人自助的教育过程观和育人至上的教育目标观，理清思路、彰显积极、引导成长、促进发展，扎实做好心理健康教育改革创新的各项工作。

3. 追求幸福的理念

幸福就是健康快乐而有意义地活着。幸福是一种心态，也取决于心态。引导学生追求幸福，其本质就是追求更健康的心态、更高质量的生活和更加充实的生命。当前部分学生存在的消极心理状态，即无聊感、无用感、无望感、无责任感和无助感，值得关注和引导。当代学生缺少真正的幸福感，学校教师要用心读懂学生心理、心智和心灵这本书，真正了解、理解问题学生的心理状态、需求和症结。建构心理健康教育模式，学校要按照班华教授提出的"优化心理机能、提升精神品质、促进人格和谐、服务人生幸福"这一宗旨，树立精益求精、与时俱进的理念，让心理健康教育工作重点和重心前移，追求让每一个学生拥有幸福人生的教育理想，坚决守护、努力增强学生的幸福感，促进学生快乐生活、健康成长、和谐发展。

### 4. 多元共生的理念

建构学生心理健康教育模式，学校要全面把握心理健康教育发展趋向，优化选择，探索创新，彰显特色。学生心理健康教育正从"传统单一式"向"现代多样式"转变，从"消极矫正式"向"积极发展式"转型，从"求助救助式"向"助人自助式"转轨，从"单向灌输式"向"互动体验式"转向，从"零散平面式"向"整合立体式"转换，从"封闭自主式"向"开放渗透式"转化。当学生心理健康教育领域逐渐成熟的时候，自然会出现各具特色、多元共生的工作模式，如积极型心理健康教育、主体性心理健康教育、发展性心理健康教育、自助式心理健康教育、青春期心理健康教育、网络化心理健康教育、职业类心理健康教育、文化层心理健康教育、生活化心理健康教育和整合型心理健康教育等。

## 二、学生心理健康教育模式建构的方法论

学生心理健康教育模式是在现代教育理念和心理科学理论指导下，对心理健康教育过程及其组织形式做出的特征鲜明的简要表述，其上承心理健康教育理念，下推实践操作过程，是理论与实践的中介和桥梁。建构学生心理健康教育模式，既是对心理健康教育理论的新探索，也是对心理健康教育实践的新尝试，更是学生心理健康教育内涵发展的新跨越。

### （一）建构学生心理健康教育模式的操作策略

必须确立整合化的心理健康教育观，不断提高实践工作者的专业素质，建立科学可行的学校心理健康教育实践系统和操作制度。

### 1. 目标设计策略

建构心理健康教育模式的实践系统，必须先建立心理健康教育的科学目标体系。心理健康教育目标体现了教育活动的意向性和客观性的统一、阶段

性和终结性的统一，它反映了人们关于心理健康教育的价值观念，规定着教育对象的发展方向和预期的发展结果，指导和支配着心理健康教育活动的过程，对心理健康教育活动起指向、激励、调节作用。建构心理健康教育目标，应坚持全面和谐发展方向，遵循学校学生身心发展规律，突出最基本的心理素质要求，重在打好素质教育基础，做到扬优弃劣。设计心理健康教育的目标体系，应体现出学校类别和对象层次，既要有整体科学的要求，也要用一系列可测、可行的具体指标表示，便于实际操作。

2. 课程改革策略

建构心理健康教育模式的实践系统，必须按照教育课程改革的现代理念，建立目标、方法与内容相统一的心理课程教学管理体制；积极推进心理健康教育课程改革试验，建立符合教育目标、有利于受教育者发展的心理健康课程结构体系；探索研究教育教学规律，合理配置教育教学资源，形成积极高效的课堂教学环境氛围，建立健康和谐的心理健康教育主客体关系；尊重个性，理解差异，发展特长，创建并形成有利于学生全面自主、个性化发展的心理健康课程内容体系。

3. 队伍优化策略

无论是模式的运行还是模式的创新，都离不开主体的作用，加强队伍建设是建构模式的关键。心理健康教育的教师队伍、管理队伍和研究队伍是一个有机整体，他们的理念、素养、工作方法和技术水平直接影响到模式的建构成效。因此，建构心理健康教育模式的实践系统，需要持续优化"三支队伍"的专业素质：在观念上，要把心理健康教育过程理解为互动、活动的实践过程，充分认识师生之间、学生之间相互对话和交流的重要性；在方法上，要从实际出发，注重心理健康教育教学方式、组织形式的现实针对性和可操作性，满足不同地区、不同层次和不同类型学校，以及师生在不同发展阶段的具体需求；在精神状态上，则要倡导与时俱进、开拓进取、求真务实。

4. 行动研究策略

建构心理健康教育模式的实践系统，在研究方法论上，应采用多学科整合研究心理健康教育的策略，大力倡导心理健康教育行动研究、叙事研究和校本研究，在心理健康教育实效上下功夫，鼓励和支持多元工作者之间展开平等的对话与交流。心理健康教育模式研究要重视人文精神与科学实践的统一，技术继承与思想创新的统一，从而建构富有价值与效率的研究手段与技术，更有效地服务于人类社会和学校教育的发展。教育工作者要树立全员、全程和全方位的心理健康教育意识，积极扮演"重要他人""心理辅导者"和"精神关怀者"的角色，以更加开放互动的积极姿态、更加宽阔融合的积极视野、更加灵活多样的积极方法，去承担心理健康教育模式建构的历史使命。

### 5. 特色创新策略

有特色就有影响力，有特色就有生命力。在我国大陆，学生心理健康教育概念的明确提出时间并不长，还没有完全定型成熟的理想模式。借鉴国外教育模式的经验，也需要有一个改造或改进的本土化过程，这就决定了在建构心理健康教育模式方面必须更加注重中国教育特色，必须和中国传统文化相结合，以科学人文关怀为本，把握当代学生心理发展脉搏。建构心理健康教育模式的实践系统，要按照素质教育的理念，推动教育观念更新、教育行为优化与教育实践变革，形成良性的心理健康教育生态氛围，构建富有校本行动研究特色的心理健康教育运作机制和管理系统，打造个性特色鲜明的学生心理健康教育模式。

## （二）建构学生心理健康教育模式的理性实践

建构富有特色、行之有效的学生心理健康教育模式，是一项十分复杂的教育系统工程。学生心理健康教育起步比较晚，但起点不能低，更需要精心设计、悉心规划和用心实践。

### 1. 坚持积极范式

阳光心灵是学生健康成长的心理策略，积极和谐是学生幸福生活的心理之道，即要培育积极阳光心态，把握积极认知方式，保持积极情绪状态，建构积极人际关系。走向积极实践的心理健康教育是以人为本、优化心态的幸福教育，助人自助、阳光心灵的和谐教育，是育人至上、提升心力的素质教育。建构心理健康教育模式，学校要探索积极心理学、人本主义心理学和建构主义心理学的理论基础，变革消极教育管理方式，以就业为导向，以服务为宗旨，以素质教育为重点，以人格教育为主线，引导学生树立积极、均衡、适度、变通的人生态度。学校教师要在积极心理健康教育实践中携手共进，实现自身专业化发展，与学生一起成长。

2. 实施系统工程

建构学生心理健康教育模式，要把握整合、全面、务实和发展的基本原则，即坚持"学科融合、行动统合、技术综合和目标整合"，坚持"心理教育全方位、心理管理全过程、心理服务全天候和心理引导全人化"，坚持"理论探索顶天、校本实践立地、专业研究求真和开拓创新务实"，坚持"学校和谐发展、模式创新发展、教师专业发展和学生个性发展"。要全面实施"六个一"工程，即"一把手"负责、"一盘棋"思路、"一揽子"计划、"一体化"格局、"一条龙"服务和"一系列"行动。要杜绝心理健康教育可能的"异化"现象，即防止心理健康教育教学与研究"两张皮"现象，防止学校心理健康教育工作的"各人自扫门前雪"现象（各自为战和各自为政），防止心理健康教育表面化、形式化的"海市蜃楼"现象，防止学生心理健康教育"德育化、医学化、学科化"现象。

3. 培育卓越师资

心理健康教育是一种信心、一种信任、一种信念和一种信仰。高品质、高水平的心理健康教育取决于爱岗敬业、精业乐业的心理教师。学校心理教师要敬畏心理健康教育、理解心理健康教育、热爱心理健康教育、变革心理健康教育和引领心理健康教育，尤其要科学认识、理智把握专业角色与成长目标，做有尊严感、责任感和幸福感的"心理人"，做健康快乐、和谐成熟、专业卓越的心理教师；要积极应对学校心理健康教育困境、角色冲突、工作压力、职业倦怠和消极评价，努力扮演个性模特、人格示范者、精神关怀者等角色，从专门的心理教师走向专业的心理教师，成长为专家型心理教师。学校心理教师要全面完善自我，注重心理管理，积淀心理资本，积极有效沟通，和谐人际关系，培育团队精神，为学校学生心理健康和谐发展做出更大的贡献。

4.注重校本行动

建构心理健康教育模式，学校要立足教育目标和学生需求，注重校本课程建设、开展校本培训、探索校本管理和推动校本研究，对学生心理健康课程教法、学法的专业属性进行深入研究，注重活动质量，建构工作品牌。校本行动只有开始没有结束，只有有待成熟没有失败，而校本行动的最大收获是学校心理健康教育教学艺术与管理智慧的增长。学校心理教师既要仰望星空，坚定追求职业理想，更要树立信念脚踏实地扬帆起航，秉承"科教融合，教学相长，心理育人，校本行动"的信念，自主反思、创新专业实践，学会用自己的语言叙述自主的实践，从自主的实践提炼自我的经验，让自我的经验体现自身的心理健康教育特色。

自觉走进当代学生心理世界，走进心理健康课程教学改革，走进心理健康教育校本行动研究，走入学校心本和谐管理，走向积极心理健康教育实践范式。这是新时期做好学校心理健康教育工作的"法宝"和"奥秘"，也是科学建构学生心理健康教育模式的核心旨趣和本真追求。

## 三、学生心理健康教育模式建构的发展论

对于心理健康教育未来"什么即将发生"的问题，能给出明确的或令所有人都信服的回答。但可以认真地说，心理健康教育模式的变革与发展是一个不间断的历史走向。"尽管我们现在很清楚地认识到，不存在，也不可能存在什么确实的未来，然而未来的意象却会影响到人类目前的行为方式。"心理健康教育模式的未来道路可能会向哪里延伸，应该选择怎样的发展路径，这是需要关注和深入探讨的问题。

（一）学生心理健康教育模式的发展趋向

1.价值追求：从功利化、工具化走向人性化、人本化

在一些人看来，心理健康教育是改进学校德育的"氧气瓶"、解决学校教育问题的"灭火器"、粉饰应试教育的"墙面砖"和教育改革发展的"助

推器"。就思维方式而言，这些都是工具主义的教育观，其特点就是心理健康教育的存在合理性在于心理教育能够完成某种独特的外在任务。换言之，心理健康教育本身是作为一种工具而获得意义的。现在越来越多的人认识到，心理健康教育的根本问题是人的心理发展问题，心理健康教育是现代人性发展与提升的自觉需要。心理健康教育的萌生正是教育入学思潮的一种回应，心理健康教育的功能理所当然直指人的心理成长、发展与自我实现。加强和改进我国心理健康教育，不应当是"功利"的、"物本"的，而应当是"以人为本"的。所谓"以人为本"，就是把人视为自身心理发展与建设的主人，把人的主体性发展作为"目的"而不是"手段"，一切从人出发，一切为了人，一切服务于人，一切着眼于人的全面发展，重视人的生命和生活，关怀人的价值和使命，关照人的精神和信仰，真正确立起人在我国心理健康教育中的中心地位。我国心理健康教育只有定位在"人本心理教育""人性化心理教育"的基本点上，实践和践行以人为本、全面发展的心理健康教育价值理念，其长远教育效益和发展前景才会是非常美好的、灿烂的，这样的心理健康教育才是最受欢迎的、最富有生命力的。

2. 科学信念：从注重普适性走向关注本土化

在认识上，以往的心理健康教育模式被认为是没有民族疆界的科学信念，人们致力于寻求跨文化的心理健康教育方式、方法与技术，而现在这种认识正日益淡化，取而代之的是本土化心理健康教育模式的建构与发展，因此要更加关注社会文化背景对心理教育的作用和影响，更加强调凸显心理健康教育的民族个性和地方特色，更加紧密地与心理健康教育对象的个性特征、文化观念和生活实际相结合。当然，这种本土化不是完全另创一套学术规则，拒绝与世界学术对话，而是在遵守基本学术规范的前提下，渗透有独特文化意蕴和呈现、陈述方式的中国教育学传统，在对我国心理健康教育的特殊性、独特的发展规律和活动原理进行深入研究并总结最新研究成果的基础上，提出具有中国化色彩的心理健康教育思想和理论，建立起我国心理健康教育自身的学科体系和基本框架。心理健康教育模式本土化的最终目标是解决中国的现实教育问题，积极参与进而影响国际心理教育学术界的发展。总之，我国心理健康教育需要国际化的视野，但不能全盘"西化"，而是需要"本土化"的信念，但不能搞封闭式的"乡土化"。

3.功能定位：从消极性、预防性为主走向积极性、发展性为主

防治与发展始终是心理健康教育的两大主题，也是两种不同的目标取向。按理说，预防与发展并不矛盾，这是相辅相成的两个方面。有效的预防能有利于发展，积极的发展能从根本上保证预防。但目前大多数学校和教师还是更多地着眼于矫治型心理健康教育模式，主要还是解决少数学生存在的心理障碍，而忽视了大多数学生的发展需求。随着对心理健康教育功能认识的不断深化，心理健康教育的发展性理念被越来越多的人接受。从注重心理障碍与疾病的预防、咨询和治疗逐步转变为重视引导人的心理健康和谐自主发展，促进人的心理可持续发展，建构、创造和引领人的心理的"最近发展区"，是心理健康教育功能定位变革的基本趋向。《辞海》中已经将心理教育的表现形式界定为两种：占主导地位的积极的心理教育和处于辅助地位的消极的心理教育。人们已经认识到：心理健康教育的核心旨趣是促进和实现人的心理发展，发展是心理教育的根本性功能。可以预言，在不久的将来，发展型心理健康教育在整个心理健康教育体系当中必定处于基础地位，将会成为心理健康教育的重点。以发展性功能为主，以预防性、治疗性功能为辅将成为人们建构心理健康教育模式的共识，积极意义上的发展型心理健康教育模式将会得到进一步的拓展。

4.教学形态：从被动接受式走向自主建构式

心理健康教育是一种性质特殊的教育。究其实质而言，心理健康教育是一种助人自助的教育和心理的自我学习，或者说是主体自主自觉实现的心理学习。"我说你听，我讲你记，我打你通"的心理健康教育方式将会逐步退出学校和课堂教学的舞台，心理健康教育的教学再也不是机械刻板的机器化、程式化教学，再也不能成为教师的"一言堂""独角戏"。需要建立民主平等、尊重宽容的师生关系，需要更多的自主互动、合作教学和交互式教学，需要建立诸如心理家庭、心理互助组之类的"学习者共同体"（community of learners），需要让学生自编自演的心理小品、心理剧进入课堂、进入校园

生活，需要创设生动形象、潜移默化的心理健康教育情境和氛围，引导学生在具体的生活情境中实践体验，倡导学生"在问题解决过程中"学习成长。让学生在对话交流、讨论辩论和角色扮演中自由成长，让学生在社会实践、参与活动和亲身体验中自主发展，让学生在自助、他助和互助中自立进步，教师应当更多地给予学生真诚的理解与信任、倾听与交流、鼓励与引导、支持和帮助，应当更多地给予学生无条件的积极关注。这是自主建构式心理健康教育的目标所在和实质性内涵。以建构主义的现代教育思想来改进和完善心理健康教育，强调学习者自身的主体性，充分张扬学生的主体性将成为心理健康教育模式建构的基本理念。

5. 工作队伍：从专门人员、专业服务走向专家引领、全员参与

心理健康教育是一项专业性要求很强的工作，必须建立一支训练有素、掌握相关专业知识技能的专门化的师资队伍。但从我国目前的教师教育培养体系看，专业化的心理健康教育师资需求又不可能得到基本满足。人们已经意识到，仅仅靠少数几个专业人员开展心理健康教育和心理服务工作是远远不够的，也不可能真正满足青少年学生心理发展、潜能开发和人格健全的需求。因此，在心理健康教育专家的指导下，少量专职心理辅导教师从事部分专业性要求高的心理健康教育工作，如心理测验、心理咨询等；全体教师共同关注学生的心理世界，关心学生的心理成长，引导和促进学生的心理发展，将成为现实的选择。"心理育人、人人有责"，心理健康教育的全员化和全程化将日益深入人心。学科教学中心理健康教育的有机渗透，管理服务的心理育人，校园环境的心理育人，班级管理、团队工作、社会实践和校园文化的心理健康教育功能将在自觉意识的层面上得到进一步的重视和提升。

6. 运作机制：从行政指令性工作走向市场化"产业"服务

虽然心理健康教育在中小学校基础教育阶段也是一种义务教育，是青少年学生应该免费享有的一种教育权利和资源，但现在心理健康教育的实施更多还是依赖教育行政部门的指令性和强制性要求，一些学校和教师觉得心理健康教育只有投入没有产出，把心理健康教育看作既有学校教育之外迫不得已而为之的额外负担。目前，心理健康教育的产业化发展已经初显端倪，心

理咨询、心理治疗已经不再是无偿的、义务性的社会奉献，心理健康教育师资培养培训、进修提高的有偿和自费，大量的心理教育教材、教参、读物、心理软件、心理量表、心理实验仪器和影像制品等将全面推向市场，心理服务中介机构、心理服务热线和心理网站将蓬勃兴起，形式多样的心理服务将步入自负盈亏的商业化运作轨道，实现优胜劣汰的市场化经营。注重心理健康教育的质量、特色和效益，注重心理健康教育的市场空间拓展和生命力焕发将会成为心理健康教育产业界自觉的追求。

7. 学科视域：从单一学科走向多学科视域融合

心理健康教育在今天已经成为一个多元的复合概念，而不只是教育学科或者心理学科的概念。英国的理查德·尼尔森（Richard Nielsen）认为："心理教育绝非一元现象，它是一个广泛的术语，对于具有不同理论导向和不同工作的人有不同的含义。""横看成岭侧成峰，远近高低各不同。"心理教育界定的丰富多样性，反映了人们对心理健康教育认识视野的多维性、广阔性。心理学、教育学、社会学、文化学、医学等每一种学科视域都有其自身的特点，有其自身适用的层次和范围，而只有多学科视域的互补共存，才能形成合理可行的心理健康教育方法论系统。在科学日趋综合的当今时代，各学科画地为牢、自我禁锢的状况即将"终结"，而且必须"终结"。对待心理健康教育这样一个可能是世界上最复杂的事物，只有采用多学科视域融合的策略才能做出一个全方位的描述，才能更充分地展示人类的心理状况和心理健康教育的本来面目。在多学科的"视域融合"下，"祛魅的心理健康教育"将真正成为"返魅的心理健康教育"，事实就是如此。

8. 存在意识：从一元化走向多元共生

在21世纪之初，一种新的全球性趋势在各个领域已经表现得十分明显，这就是：多元化取代了一元性，多元共存取代了二元对立。在这样一个"多元性是人类的状况"的时代，人们的认识应当指向心理健康教育模式的多元化，聚焦在心理健康教育模式更深层的意义上。"我们相信，对于一个不确定的、复杂的世界，应当允许有多种解释同时并存，这点是非常重要的。只有通过多元化的普遍主义，才有可能把握我们现在和过去一直生活于其间的丰富的社会现实。"尽管从过去的发展历史看，心理健康教育模式之间往往是"你死我活"般的彼此纷争、此起彼伏。但在当前的心理健康教育实践中，心理健康教育模式正越来越多样化，逐步走向多元的分化，而且人们已经意识到，不同范式的多元共生将成为未来心理健康教育发展的必然趋向。

9.场域建构：从僵化封闭走向开放互动

从对立对抗、相互指责到互不侵犯，最终沟通互补，不同的心理健康教育模式都是基于对人的心理方面的关心、帮助和教育引导，不同心理健康教育模式之间的自由对话与平等交流将会成为共同的理念。因此，必须尊重不同学科关于心理教育的"成见"与"视域"，不同的心理健康教育模式之间进行换位思考、积极对话与相互欣赏。也只有这样，心理健康教育领域才能形成真正的学术繁荣。这就是对待心理健康教育模式的现实态度。"我们重申一遍：最重要的是，学者们应就一些基础性问题展开明晰的、公开的、明智的和紧迫的讨论。"这就需要打破心理健康教育的"学科"情结，将心理健康教育作为一个研究领域开放出来，允许甚至鼓励其他学科的专家携带自己的方法论武器来加以耕耘。通过多学科间的互动对话，"在这种情况下，价值冲突原则上能够表现出一种积极的征象，也就是说，能够成为增进交流和自我理解的手段。"

10.发展路径：从科学主义走向科学人文主义

心理健康教育是一门科学，也是一门哲学；是一门技术，更是一门艺术。确切地说，它应当是四者交互融合的结晶。从历史发展和现实状况看，心理健康教育似乎固有一种效仿自然科学主义的"情结"，力图走一条真正"科学化"的研究与发展道路。但可以看到，现在人们对心理健康教育模式具有的科学性还认识得不够深刻，把握得不到位。心理健康教育模式要追求科学性，但不能唯自然科学是从，走向唯实证科学主义的误区。心理健康教育具有科学性，但心理健康教育更有浓厚的人文性。在强调心理健康教育科学性的同时，不能忽视它的人文性，未来心理健康教育将从科学本位、问题中心的状况走向生活本位、以人为本的范式。可以预见，心理健康教育模式将会更加关注主体的人性提升、个性发展和人格现代化，人文科学性日益凸显。

未来的心理健康教育模式必定走向选择科学与人文相融合，坚持人文关怀与科学精神的有机统一，即选择科学人文主义的发展路径。

　　心理健康教育模式的建构既是对心理教育实践理性的呼唤和回归，又是对心理教育科学理性的反思与价值整合。倘若从上述十个方面来聚焦心理健康教育模式，可以大致把握或建构一个全新的心理健康教育模式，至少有了一个关于心理健康教育模式未来走向的基本轮廓。不难看出，人性化、发展性、自主式、本土化、全员化是未来心理健康教育模式存在的基本属性，市场运作机制、开放互动场域、多元共生意识、视域融合姿态与科学人文精神是未来心理健康教育模式发展的必然选择。应当坚信，实现认识论与方法论的创新与超越，心理健康教育模式的建构与发展必定充满无限的希望和灿烂的阳光。

　　有人说，人们不能预见未来，但人们能够创造未来。换句话说，"我们能够预见多种多样的未来；我们必须选择和需要某一种未来。"这种说法更符合本章的主题，它比较清楚地表明了，那些致力于发展心理健康教育事业的人们需要对未来有一个广阔的见地，要把这个见地当作一个确切的目标而不是模糊不清、依靠命运的未来。"人们需要在他们可能遇到的一切十字路口和可能发现的许多途径中找出一条导致这个目标的途径。简言之，他们对于化意图为现实的途径必须有一个尽可能清晰的观点。"因此，应当理性分析心理健康教育模式的现状与存在问题，科学把握心理健康教育模式的发展趋向，积极引导心理健康教育模式全方位的根本变革，只有这样，我国学生心理健康教育模式建构才能真正走向规范，走向成熟，走向科学。

## （二）走向整合实践的学生心理健康教育模式

　　当今社会的发展表现出由小到大的趋向：从小生产发展到大生产、从小经济发展到大经济、从小科学发展到大科学、从小教育发展到大教育等。这一切都预示着心理健康教育模式的发展必然会由"小"到"大"。这里所讲的"小"，不是"渺小""微小"或"弱小"，而是所谓的"单一""分割""孤立""封闭"；这里所讲的"大"，也不是"扩大""高大""伟大"，而是指"系统""整体""开放"和"进化"。从简单到复杂，从单一到系统，从分割到整体，从孤立、封闭到拓展、开放，心理健康教育模式正是这样发展、进化的。按照系统科学的观点，大心理健康教育应当是一个多样的、开放的、整合的大系统。建构和实践大心理健康教育，就是坚持心理健康教育应当时间长，强调实行终身心理健康教育；空间广，强调发展各类心理教育；内容多，强调实行全面心理健康教育；效率高，强调实行自主性的心理健康教育；质量好，强调实行着眼于未来的心理健康教育；等等。

大心理健康教育观特别强调用系统科学的观点，从多学科领域建构心理健康教育模式的理论基础。要创造性地解决人类尚未解决的比较重要的问题，需要重视多学科的整合，关键是要实现多学科的整合。因为整合容易促进创造，多学科的整合有利于创造。从系统科学的观点来研究建构心理健康教育模式，整合的模式同样值得我们关注。心理学、教育学、社会学、文化学、医学等多学科的心理健康教育模式各有特色、各有侧重，这些都是必要的。但理论分析和实践探索都已经证明，单一学科视域的心理健康教育模式不可能取得满意的效果。从人的心理发展的整体性和心理教育的整体目标看，重视和实现心理健康教育模式的有机融合，只有多学科整合的心理健康教育模式才能有利于培养高心理素质的人才。

如前文所述，心理健康教育是培养人、引导人的一种社会活动。人心理的复杂性、教育活动的复杂性和社会的复杂性决定了心理健康教育固有的复杂性。因此，心理健康教育模式不可能是单一的，必然是多样的。由单一化向多样化发展是现代教育模式发展的一个明显趋势。实际上，心理健康教育是一门科学，也是一门艺术，在实践中不可能单一地采用某一种模式。要克服心理健康教育模式的单一化倾向，就要提倡多种心理健康教育模式的互补融合。综合应用多种模式，能够发挥心理健康教育的整体功能，保持心理健康教育系统的最大活力，最大限度地开发学生的心理潜能，全面提升学生的心理素质，从而实现心理健康教育过程和效果的最优化。因此，心理健康教育既不能唯模式是从，更不能唯单一模式是从。

未来心理健康教育的模式必然是"建构模式，超越模式，善于变换，整合互补"。无论是哪种模式，在一定条件下都有合理性、科学性和实用性，不能简单地加以否定。但是，每当一个模式固定下来，就会变得僵化，常常又不可避免地走向反面。心理健康教育的对象、心理健康教育的目标、心理健康教育的内容不同，心理健康教育过程的组织形式就应当有所不同，即心理健康教育模式应当有所变化、灵活运用。同时，应当看到每一种心理健康教育模式都各有所长、各有所短，把各种心理健康教育模式整合起来，相互补充、相互协调，这对实现心理教育的理想目标是必不可少的。这一切决定了心理健康教育的模式不可能是单一的、固定的，必须走向整合的心理健康教育模式。因此，必须学会建构模式，超越模式，从科学整合的视域去推动心理健康教育模式的可持续发展。

从无序状态走向有序，建构规范的心理健康教育整合模式，这是心理健康教育模式发展的第一次提升；从有序走向自由，对整合模式的超越，这是心理健康教育模式发展的第二次升华。建构整合模式，是为了最终摆脱整合模式。心理健康教育整合模式的稳定是相对的、暂时的，而变化、发展才是永恒的、绝对的。心理健康教育整合模式无论是理论形态还是物质形态，都不应该也不可能是固定不变的，而是可持续发展的，理应随着社会、教育与科技的发展而不断发展，不断注入新的内涵、新的精神。这也预示着心理健康教育整合模式具有很强的生命力。

总之，心理健康教育整合模式的建构不是僵化的教条，应当在不断发展与完善中实现新的超越。事实上，心理健康教育整合模式的建构与模式的超越是相互依存的两个方面，建构模式应理解为不断建构与不断超越的连续过程。对心理健康教育整合模式的不断变化、改造、超越和再创新，才是心理健康教育模式创新和创新心理健康教育模式的本质。对心理健康教育整合模式的研究最终应是消解模式，走向心理健康教育实践的真正自由。从发展的眼光来看，突破心理健康教育的整合模式，实行非模式化的心理健康教育，是今后我国心理健康教育发展应当努力追求的一种崇高境界。

# 第四章

## 大学心理健康教育模式的整合分析

# 第一节 大学学习心理健康教育模式

## 一、学生学习型心理健康教育模式的概述

建构心理健康教育模式离不开时代的背景，任何一个模式都是为适应社会的发展、教育的发展、学生的发展需要而建构的。因此，建构学习型心理健康教育模式，必须了解学习型模式建构的背景，明晰学习型模式的概念和内涵，这样才能结合学校特色，建构符合当代学生实际的心理健康教育模式。

### （一）学生学习型心理健康教育模式建构的背景

#### 1.时代背景

在当今时代，科学技术不断迅猛发展，工业结构不断调整变化，社会在各方面开始国际化，信息社会高速发展，知识更新速度越来越快。人们一方面享受着社会高度发展带来的文明，拥有多样化发展自我的条件和机遇；另一方面也体验着前所未有的竞争、压力和危机感。1996年国际21世纪教育委员会向联合国教科文组织提交的《教育——财富蕴藏其中》中指出："每个人在人生之初积累知识，而后就可无限期地加以利用，这实际上已经不够了。他必须有能力在自己的一生中抓住和利用各种机会，去更新、深化和进一步充实最初获得的知识，使自己不断适应变革的世界。"一个人只有不断更新自己，才能与时俱进，否则只能被社会淘汰。

#### 2.学习型社会创建背景

20世纪90年代，美国麻省理工斯隆管理学院彼得·圣吉（Peter Senge）的名著《第五项修炼——学习型组织的艺术与实务》出版，标志着学习型组织理论问世。该理论一经问世，便掀起了组织学习和创建学习型组织的热潮。20世纪90年代末期，该理论受到我国各界的关注，纷纷开展学习型组织的研究。2001年5月，时任中国共产党中央委员会总书记江泽民在亚太经济合

作与发展组织人力资源建设高峰会上明确提出要"构建终身教育体系，创建学习型社会。"2002年10月，中国共产党的第十六次全国代表大会报告正式提出："形成全民学习、终身学习的学习型社会，促进人的全面发展。"在这些重要讲话和文件精神的指导下，我国建设和研究学习型组织的热情经久不衰。学校是教书育人的专门的学习场所，更要深入学习和贯彻学习型社会的理念和内涵。学生是社会的人，学校教育是为了培养学生适应社会、发展自我的基础教育，构建学习型的心理健康教育模式，是建设学习型学校的需要，也是建设学习型学校的落脚点之一。

### 3.终身学习背景

终身学习是一个广为人知的概念，自古就有"活到老，学到老"一说。在社会、经济、技术不断变革的今天，时代的发展向人们提出了更高的要求，人们也感受到终身学习的紧迫感。今天，谁都不希望在自己的青年时代就形成足够其一生享用的原始知识宝库，因为社会迅速发展要求不断地更新知识。终身学习要求学生能够根据自己的意愿和能力，发展自己的知识、技能和学习态度，因此终身学习也向学校的教育提出了挑战和质疑，如何培养愿意终身学习、具备终身学习能力的学生是学校教育的新课题。联合国教科文组织提出了每个人的一生中要进行的"四种基本学习"，即学会认知、学会做事、学会共同生活和学会生存。这同样是学校教育不可回避的重要职责。

### 4.应试教育背景下学生学习的心理特点

在中小学应试教育的影响下，学生对"学习"的理解是狭隘的，认为学习就是课堂学习、学校学习、书本学习，认为学习成绩决定了一个人的成功与失败，形成了被动学习的习惯；再加上有的学生在初中阶段总体成绩处于班级的中等或者中等偏下，因此学生中普遍存在学习动力低、学习习惯差、不会时间管理、学习目的功利性强等特征，这些不良的学习心理品质直接影响他们的学习成效。因此，建构学习型心理健康教育模式，不仅要通过学习来帮助学生心理健康发展，也要促进他们终身学习能力的形成。

## （二）学生学习型心理健康教育模式建构的概念界定

建构心理健康教育模式，已成为当今学校心理健康教育深入发展的趋势，而从不同的视角出发，建构出不同的心理健康教育模式，这也正是各学校心理健康教育的特色所在。学习型心理健康教育模式就是从学习的视角来进行模式的建构的。

1.关于学习的内涵

什么是学习？学习有狭义与广义之分，狭义的学习是指在书本或他人辅导下获得知识。现代汉语词典对学习的解释是："从阅读、听讲、研究、实践中获得知识和技能。"广义的学习，是指一个人从外界获取信息并对信息进行加工整理的全过程。因为每个人都是天生的学习者。我们不必教婴儿学习，他们生来就是出色的学习者——学习行走、说话，甚至自己处理这些事情。学习不仅是人类的天性，也是生命趣味盎然的源泉。当每个人来到这个世上，对世界的好奇心是最初的学习动力，但是随着时间的推移，人们越来越不爱学习，越来越不会学习，甚至把学习当成了任务和负担。没有学习的动力，体验不到学习的乐趣，不会学习，何谈能力的培养？在学习型社会，学习是工作和生活的一部分，相互促进。学生在离校时，不应将继续学习看作一种强加给自己的任务或一种终身不可摆脱的负担，而是一种自我成长的需要。学生通过学习而成长，也通过学习而形成学习力，让自己一生受益。

2.学习型心理健康教育模式的内涵

2012年教育部印发的《中小学心理健康教育指导纲要》中提出"心理潜能""身心和谐可持续发展""自主自助和自我教育能力"这样几个关键词。学习型心理健康教育模式的建构就是借鉴学习型组织的理念，在心理健康教育过程中通过渗透学习力的教育思想，发挥课堂学习的主阵地作用，培养学生的学习力，充分开发学生的心理潜能，培养心理健康的可持续发展能力和自我教育能力。因此，学习型心理健康教育模式就是要建构一个"以学习求发展"的模式。从这个角度来说，只有让学生具备了强大的"学习力"，让学生学会了学习，身心和谐的可持续发展才能成为可能。学习型心理健康教育模式就是要以个体的学习来追求心理潜能的开发，以团队的学习追求合作和竞争力的提高，以课堂的学习追求学习能力的养成，以课外的学习追求应对挫折、适应社会的能力，以自主的学习追求自我教育能力的发展，以灵活的学习追求多样化的发展。

### （三）学生学习型心理健康教育模式建构的意义

社会是不断向前发展的，人也必须跟上时代的步伐。只有主动适应社会发展的人才能立于不败之地。培养学生主动适应社会的意识和能力，是建构学习型心理健康教育模式的现实需要。学习力的本质是竞争力，获得知识的能力将成为竞争力的关键，而这种能力只有通过不断的学习保证。唯一持久的竞争优势，或许是具备比你竞争对手学习得更快的能力。建构学习型心理健康教育模式是培养学生具备可持续竞争力的本质需要；心理健康教育的最终目的就是让学生的身心健康发展。因此，一切教育的落脚点都是"发展"，固化的基础知识固然重要，但是更重要的是让学生具备可持续发展自己的能力。要真正实现学生身心和谐的可持续发展，就必须建构学习型心理健康教育模式，从以知识的讲解、心理问题的解决为重心转移到知识的应用能力培养、自我教育能力的生成上来。

在众多的心理健康教育模式中，学习型心理健康教育模式从另一个侧面和维度来思考心理健康教育。从理论上来说，既是对已有经验的提炼总结，也是对未来心理健康教育模式的一种理论构想和理论探讨，丰富了人们对学生心理健康教育模式的认识，同时为学校心理健康教育工作的开展提供借鉴。这正是本模式的价值所在。

## 二、学生学习型心理健康教育模式的科学建构

任何一个模式的建构都不能凭空想象，必须有客观的现实基础和丰厚的理论基础。学生学习型心理健康教育模式扎根于当代学校心理健康教育的现实土壤，针对目前学生存在的问题，在科学的学习理论、心理学理论的架构下，寻找能够解决问题、预防问题、促进发展的心理健康教育新模式。

**（一）学生学习型心理健康教育模式的现状分析**

在中国知网中搜索对学习型心理健康教育模式的研究，结果显示这方面的专题研究几乎没有。目前的学习型模式的建构研究主要有学习型国防生培养模式研究、学习型思想政治教育模式研究、学习型高校人才培养模式研究。因此，在进行这方面的研究时可借鉴的经验资料比较少。常维华认为培养学习型国防生首先就是要学生树立正确的学习观，养成习惯、启发自觉，从内心深处热爱学习。成中梅认为人才培养模式的主要实现途径为课堂教学、科学研究和课外活动。培养学习型人才就是要让学生在学习过程中既掌握知识又学会学习、学会思考，培养学生的合作学习能力。裴长安在研究学习型学校的组织文化建设中提出，学习型学校要建设终身学习的文化、合作分享的文化、自我反思的文化、富有创新性的文化、和谐开放的文化，在策略上要营造共同学习的氛围。学习型家庭建设与青少年健康成长研究中，有的强调学习型家庭与学校互动关系。家校合作指学校与家庭在认识一致、目标认同、情感融洽、信息沟通的基础上，双向互动地共同促进学习型家庭的生成和发展。顾明远认为，学习型社会就其形式来说，就是要创造一个全民学习和终身学习的社会，就其实质来说，就是一个"以学习求发展的社会"。综观目前关于各类学习型模式或组织的建设研究，主要是将学习型组织的概念引入相关领域中，以学习来推动个人或组织的发展。因此，本研究在借鉴以上研究成果的基础上，尝试将学习型组织的理念融入心理健康教育中，以探索能够真正实现学生身心和谐可持续发展的心理健康教育模式。

当前对学习型模式的建构，存在着务虚不务实的问题。模式建构得非常理想，但是可操作性不强，也缺乏实践的行动研究，缺少"理论—实践—理论"这样一个提升的过程。因为学习型组织的理念来自国外，所以大部分研究停留在移植引用、浅尝辄止的程度上，缺少本土性、原创性。因此，建构学习型心理健康教育模式一定要立足我国的学习文化及我国学校实际，既要吸收国外的先进理念，也要符合我国学生的实际情况来进行创造性的研究，从而建构出本土化的、有实际操作意义的学习型心理健康教育模式。

## （二）学生学习型心理健康教育模式的理论基础

### 1.学习动机理论

学习动机是推动、引导和维持学生进行学习活动的一种内部力量，是使学生学习活动得以发动、维持、进行和完成的内在动力。缺乏学习动力的学生，遇到学习困难容易退缩，对学习兴趣减弱。学习动机理论，总体来说，包括行为主义动机观、人本主义动机观、认知主义动机观。行为主义动机观认为学生的学习动机受到外在强化的影响。正强化可以增强学习动机，负强化可以降低学习动机，目前学校教育中采取的很多奖励与惩罚措施都是基于这一理论。人本主义动机观中最著名的就是马斯洛需要层次理论。人的任何行为都有意义，都有自己的目标，而这个目标就是需要。人的需要包含了生理需要、安全需要、归属与爱的需要、尊重的需要、认知需要、审美需要和自我实现需要这七个层次。有需要才会有动机。认知主义动机观主要包括了成就动机论、归因论、成就目标理论等。成就动机理论中，大卫·麦克利兰（David McClelland）认为，成就动机是一个人人格中非常稳定的特质，人人都想追求成功。约翰·阿特金森（John Atkinson）认为，人在追求成就时有两种倾向，一种是试图取得成功，一种是试图避免失败。归因是人们对他人或自己的所作所为进行分析，指出其性质或推断其原因的过程。伯纳德·韦纳（Bernard Weiner）的归因理论分析了个体对其活动成败原因的看法，以及这种看法对动机的影响。学生通常将学业的失败或成功主要归于能力、努力、任务难度、运气。当一个人把自己的失败归因于自己的努力程度不够时，能够激发自己的学习动力。

### 2.学习型组织理论

彼得·圣吉的学习型组织理论认为"学习"不同于人们日常所说的书本学习，而是广义的"学生活"，是"心灵转换"的意思，涉及"人之所以为人"的价值观问题。学习型组织的最高目的是使人"活出生命的意义"。他认为学习型组织的主要内容为"五项修炼"，即自我超越、改善心智模式、建立共同愿景、团体学习和系统思考。国内学者对这五项修炼的内容进行了不同的解读。张声雄结合我国的国情，提出了学习型组织的六大要素：拥有终身学习的理念和机制；建有多元回馈和开放的学习系统；形成学习共享与互动的组织氛围；具有实现共同愿景的不断增长的学习力；工作学习化使成员活出生命的意义；学习工作化使组织不断创新发展。学习型组织理论对我国创建学习型组织或模式起到了广泛而积极的影响，丰富了我国对学习的认识。

3. 学习型学校与学习型教育理论

与传统学校相比，学习型学校具有教育的整体性观点、共同的使命、愿景与价值观、扁平式组织结构、开放性、团队合作与集体探究、反思与对话、行动导向与实验、持续发展、以学为中心。学习型教育的特征为：学生可以通过多种途径学习知识；每个人都必须明白学习过程且具备基本的学习技能；由学习者控制学习过程；教育和学习是高度的整体性活动，成功基于学习者如何很好地进行团队学习；正规教育是终身学习的基础；"学校学习"仅是整个教育旅程中的一部分；正规教育为学习者与政治、经济、精神、技术、科学和社会提供了联系途径和网络平台；只有具备越强的能力与适应力，才能越成功。学习型教育的内涵不同于传统教育，包括树立正确的学习观、学习途径和形式的多样化，正确认识正规教育的作用，打开学习的视野，树立正确的成功观等。这些对建构学习型的心理健康教育模式具有非常重要的指导意义。

4. 学习力理论

联合国教科文组织曾指出："未来的文盲将不再是不识字的人，而是不会学习的人。"面对快速发展的社会，学习力成为现代人的核心竞争力。早在 1965 年，杰伊·福瑞斯特（Jay Forrester）首次提出了学习力这一概念。国内学者主要从学习动力、学习能力等方面来描述学习力的内涵，"学习力主要包括学习动力、学习毅力和学习能力三部分，是系统而深入地发动学习、维持学习、推进学习、改善学习与创新学习之力的组合"。一般认为，学习力是人们获取知识、分享知识、使用知识和创造知识的能力；它由学习动力、学习毅力、学习能力和学习创新力等方面构成；是动态衡量一个组织、个人综合素质和竞争力强弱的真正尺度。简单地说，就是要让学生想学习、会学习、爱学习、善学习。学习动力来源于学习目标、兴趣、动机，学习毅力来源于意志力、价值观、心理素质等，学习能力主要包括阅读力、记忆力、理解力、判断力、学习效率等，学习创新力主要包括观察力、分析力、思考力、应用力，是学习的最高境界。学习力的发展过程是人们自我学习、自我变革、自我超越、自我发展的过程。

### （三）学生学习型心理健康教育模式的科学建构

1. 理念

（1）树立正确的学习型教育观

学生的成长和发展都要通过学习来实现，学习是途径，也是能力。学习的途径有很多，包括课堂学习、课外学习、网络学习、现实学习、活动学习、实践学习等。学习型教育就是要让学生能从多种途径获取自己需要的知识和技能。人的一切行为都是由需要决定的。学习型教育观要求深入地了解学生的需要是什么，教什么、何时教、如何教都由学生的心理需要和心理发展规律来决定。学习需要个体的参与，但是学习离不开团体的力量。团队学习可以弥补个体学习的不足。学习型教育观就是要将个体学习与团队学习相结合，让学生在团队中学会分享、交流，学会合作与竞争。课堂学习是学校教育的主阵地，是终身学习的基础。因此学习型教育要求充分发挥课堂的作用，重视课程建设。学校学习仅是人生整个学习过程中的一个阶段、一个组成部分，因此学习型教育观要帮助学生树立正确的学习观。学校学习只是为学生认识世界打开了窗户，固定知识的学习只是学校学习的初级目标，学习力的提升才是学习型教育的真正目标。在传统的学校教育中，人们往往认为学历越高越成功，成绩越好越成功，但学习型教育要帮助学生树立全新的成功观，成功就是实现了潜能的开发，谁具备越强的能力，谁就越成功。

（2）树立学生可持续发展观

人的一生都在发展变化中，在学校教育中，尤其要学会用发展的眼光看待学生。学生的过去不等于现在，学生的现在不等于未来。学生是会改变的。在短暂的几年学校学习生涯中，学生在教师的指导下进行学习，当他离开学校时，他的学习还将继续，他的职业生涯发展才刚刚开始。因此，学校教育必须具备长远眼光，着眼于培养学生的可持续发展能力，使学生永远不满足现状，具备积极向上的心态和动力。在这个前提下，学生能够自主地进行学习，只有能够自主学习的人，才能够自觉学习、坚持学习、改善学习，而这种学习力是学生可持续发展的关键。

（3）树立"以学习求发展"的育人观

学习是途径。在学习的过程中，学习力也得到训练和提升。发展是可持续的发展，发展离不开学习。发展是"整体的""综合的"和"内生的"，发展应以人的价值、人的需要和人的潜能为中心，旨在满足人的基本需要，促进生活质量的提高和共同体每位成员的全面发展。具体而言，发展就是要让人的潜能得以充分开发，人的素质得以整体提升，人的创造得以充分发挥，人的社会价值得以充分实现，人得以全面而自由地发展。顾明远提出学习型社会就是一个"以学习求发展的社会"，同样，学校教育的实质也是"以学习求发展"的教育。"以学习求发展"的具体内涵就是：以个体的学习来追求个体的发展，以组织的学习来追求组织的发展，以国家的学习来促进国家的发展；以终身的学习来追求终身的发展，以灵活的学习来追求多样的发展，以自主的学习来追求内在的发展。

2. 目标

心理健康教育的目标主要包括提高心理素质、优化心理品质、心理潜能开发、人格健全发展、心理调适能力、正确认识自我、挫折应对能力、良好个性、自主学习能力、自我教育能力等方面。崔景贵认为，在心理健康教育目标上，要关注学生心理的自主和谐发展。在学习型心理健康教育模式中，心理健康教育在总体目标上与纲要是一致的，但是本模式的目标重点是学生身心和谐可持续发展。

（1）让每一个学生成为身心和谐的人

学生的心理状况一般分为三种类型：第一类是有严重心理疾病甚至是需要危机干预的学生，第二类是有轻微心理问题的学生，第三类是心理健康的学生。对于这三类学生，如何实现他们的身心和谐呢？第一类学生只占极少数，这部分学生需要移交专门的心理治疗机构进行心理治疗，同时，学校要给予足够的关注；第二类学生要通过学校的心理咨询，对学生进行科学有效的心理辅导，让其恢复到心理健康的水平，同时接受心理健康课程的教育，提升他们的心理健康水平；第三类学生则通过心理健康教育课程就能促进他们的身心和谐发展。每一个学生都是平等的，心理健康教育是爱的教育，不能放弃任何一个学生，要通过多种途径去帮助学生实现身心和谐，为他们将来的幸福生活奠定基础。

（2）让每一个学生成为身心健康可持续发展的人

一个人的心理状态始终处于一个动态的发展过程中，一个此时身心和谐的人，彼时也有可能失衡，因此成功的心理健康教育要让学生学会如何保持自身的身心健康，主动地应用心理健康知识，调整身心，恢复平衡。心理健康教育在树立心理健康意识的同时，要培养学生自我调适能力，这是身心健康可持续发展的关键。

（3）让每一个学生成为具备自主学习力的人

自主学习力是学习力的核心。学习型心理健康教育模式深入贯彻学习力的思想，学生的自主学习力是学校教育成效的保证，更是心理健康教育义不容辞的责任。具备自主学习力的学生拥有学习的愿望和需求，了解自己的需要和特点，学习态度端正，知道学什么，为什么学，怎么学，达到什么效果。自主学习力与学习目标、学习兴趣、学习动机都有很大相关性，但是总体上，学生自主学习性较差。影响自主学习的学习动机中，大部分学生以外部动机为主，内部动机薄弱，在学习基础不够扎实、学校教学内容陈旧和教学方法单一、班级学习氛围不浓、外在不良诱惑增多等因素影响下，外部动机很容易受到严峻挑战并逐渐削弱学校的教育质量，这一方面取决于教师的"教育力"，另一方面取决于学生的"学习力"。学生缺乏学习的自主性，学校的教育资源就不能最大化地实现其教育价值。

3. 条件

教育活动的实现需要一系列的条件来保障。对于学习型心理健康教育模式来说，最主要的条件是组织保障、经费保障、制度保障、师资队伍保障、教育场所保障。

（1）组织保障

组织保障就是要建立以校领导为首的，由分管领导、专兼职心理老师组成的一个科学合理、分工明确的组织管理机构，如成立心理健康教育中心、心理服务中心、心理咨询中心等，虽然名称不一，但是基本心理教育功能是一样的，这是心理健康教育工作能够正常运转的前提条件。在学习型心理健康教育模式下，从领导到普通教师都崇尚学习，善于选择和利用各种资源进行学习，把工作和学习有机结合，工作学习化，学习工作化，使学习和工作变为互相启发、互相激励、互相转化的过程。这样一个学习型的领导组织是学习型心理健康教育得以顺利开展的组织保障。

（2）经费保障

心理健康教育工作的开展途径多种多样。心理健康的宣传、心理社团活动的开展、学生心理骨干的培训、心理教师的培训、班主任的心理培训，都必须有经费的保障。"巧妇难为无米之炊"，心理健康教育是一项专业性强、实践技能要求高的工作，从事心理健康教育的教师或学生必须通过专题的培训、工作实践来提高自己，一定的经费是活动开展、师资培训最重要的保障。

（3）制度保障

心理健康教育的落实必须有一定的政策和制度来保障。学习型心理健康教育模式的制度包括心理健康教育工作管理制度、专兼职心理教师学习交流制度、心理咨询值班制度、心理咨询预约制度、学生心理骨干培训制度、心理社团管理制度、班主任心理培训制度、专兼职心理教师管理制度、心理课程建设制度、兼职心理教师工作补贴制度等。心理健康教育涵盖面广，参与教师多，充分合理发挥好教师的作用，将学习型心理健康教育落实下去，建立和完善各项制度是不容忽视的保障条件。

（4）师资队伍保障

师资是心理健康教育模式的主导力量。心理健康教育的质量如何，在很大程度上依赖于师资队伍的专业水平和实践能力。学校的心理健康师资队伍一般由两类人组成：一类是科班式的学校心理教育教学和研究人员，是我国学校心理健康教育的重要力量，他们虽然有丰富的心理学知识，但是缺乏实践训练和丰富的学生工作经验；另一类是"半路出家式"的班主任、政治课教师、校园和学校团队干部等，他们一般受过短期的心理健康教育培训，是心理健康教育的主要力量。总体来说，这样组成的心理师资团队存在着队伍不稳定、素质参差不齐、专业化水平不高等问题。要想解决这些问题，在学习型心理健康教育模式下，就是要打造学习型心理教师团队，这是提高教师学习力的有效途径。而教师的学习力是学习型心理健康教育的必备素质，没有学习力的教师如何培养学生的学习力？没有学习力的教师又如何提高教育力？所以建设学习型师资团队是开展学习型心理健康教育的重要条件。

（5）教育场所保障

心理健康教育工作包含个体咨询、团体辅导、心理培训、心理测试、危机干预、心理社团等，需要专门的教育场所。因此，要为心理健康教育开辟专门的心理咨询室、团体辅导室、心理放松室、心理宣泄室、心理沙盘室、心理阅览室等。让心理辅导中心成为学生爱来、想来、静心学习和成长的地方，是心理健康教育共同追求的目标。

4. 程序

学习型心理健康教育模式需要帮助学生树立正确的学习观，在心理健康教育的过程中融入学习型组织和学习力思想，让学生以团队学习的形式，在学习型教师的带领下，提升自己的学习力，培养身心和谐可持续发展的能力。

（1）激发学习动力

学生由于自信心不足，挫折应对方式消极，再加上来到学校，学习压力比中学小了很多，学习评价从成绩为主导变为以素质为主导，学习方式从被动学习到主动学习，这一过程考验着学生的学习动力和适应力。学习动力强的学生能主动改变自己，听取老师和家长的意见，主动调整自己的学习心态，树立目标，提高自己的综合素质。学习动力弱的学生则容易随波逐流，或者自暴自弃，或者虚度光阴。在学生中，学习动力弱的学生占据了很大一部分。因此，当他们开展学校的全新生活时，激发和增强他们的学习动力是心理健康教育的首要任务。针对他们的心理特点，需要让他们学会正确看待失败，学会正确归因，激发他们超越自我的渴望和信心。

（2）树立正确的学习观

学无止境，要让学生对学习的认知和情感从狭隘、功利转变为主动的贯穿生命全过程的自觉意识和生活需求。在现代社会，知识的增长和扩展是无限的，不会学习的人就要落后于时代。网络由于不受时间、空间、容量的限制，能快速地分享和交流，网络成为备受现代人欢迎的新的学习途径和资源。但是现在学生上网大部分时间都花在了娱乐上，并没有真正通过网络来提高自己。因此，要帮助学生树立终身学习的理念，把学习视为一种生活方式和手段，作为生活的组成部分，而不是把学习与生活截然分开。生活中处处皆学问，时时可学习。

（3）组建学生学习团队

组建学习团队可以形成学习共享与互动的团队氛围。在团队中，每个人都有责任共同完成学习任务，每个人都能从不同的角度激发灵感、思想，互相交流碰撞，闪现智慧的火花。团队学习是合作学习的一种典型形式，而合作学习具有令人吃惊的效能，集体可以做到比个人更有洞察力、更为智慧，通过合作学习，团体的智商可以远大于个人的智商。

（4）渗透式培养学生的学习力

学生身心和谐可持续发展的保证就是学习力，学习力是心理健康教育成功开展的保证，也是学校教育质量的保证。学习型心理健康教育不单单是"授人以鱼"，更重要的是"授人以渔"。学生只有具备了自主的学习力，才能不断接受新的信息和知识，更新自己，保持与时代同步，让身心处于健康动态平衡的状态中。培养学习力的途径很多，包括心理健康系列课程、社团活动、团体辅导、个体咨询等，要在多种途径中渗透学习力的思想和培养。例如，在自我认识课程中教会学生自我认识的方法，并且布置应用这些方法来认识自我的成长任务；在情绪管理课程中，教会学生情绪管理的方法，并且让学生在不同的情境下体验情绪的释放，并通过记录自己在实际生活中的应用情况，提升情绪调适能力；还可在徒步拉练活动中引导学生培养坚持到底的学习毅力等。

5.评价

（1）评价主体为学生

学生是整个教育过程中最重要的部分，心理健康教育是以学生为主体的教育，因而学习型心理健康教育的评价主体也是学生。学生是学校教育中平等的一员，学生对老师的教学是最有发言权的，因为他们掌握着课堂教学的第一手资料。因此，要给学生更多的参与机会，更多发言的权利，学校要多听取他们对心理健康教育的需要和意见。

（2）评价的标准的三个层次：知识、情感态度和应用能力

心理健康课程是集知识传授、心理体验与行为训练于一体的公共课程。知识、情感态度和应用能力是心理健康教育的三维目标，也是评价的三个维度。低层次的评价标准是学生心理健康知识的获得，中层次的评价标准是学生是否形成相应的情感态度，高层次的评价标准在于学生的知识应用能力、转化能力，这也是学习力是否形成的最高评价标准。

### （四）学生学习型心理健康教育模式建构的原则

1.以学为主原则

这里的"学"指以学生为教育过程的主体，以课堂为心理健康教育的主阵地，以学习力的获得和提升为保证学生身心和谐可持续发展的主要目标。具体地说，以学生为主体就是要主动走进学生的内心世界，让学生的课堂主体作用充分发挥，让课堂教学的过程成为学生讨论、交流、思考、表达的过程；以课堂为主阵地，就是要面向全体学生实施"以学习求发展"的心理健康课程教育，在课堂中传授知识、体验内心、学会学习、训练行为，形成学生的学习力。以学习力的培养为主要目标，这是身心和谐可持续发展的本质要求，没有学习力，可持续发展将无从谈起。

2.可持续发展性原则

心理健康教育不同于普通的学科知识教育。专业的学科教育主要着眼于学生的知识技能的掌握，而心理健康教育的目的是使学生心灵成长、内心幸福。因此，心理健康教育任重而道远。要在这短暂的几年时间里，教给他们

受用一生的、能够让他们实现身心健康可持续发展的内容，只有通过学习型心理健康教育模式，让学生具备学习的愿望，学会学习的知识，具有开放的心态，才能实现自我发展。

3. 反思性原则

学习型心理健康教育模式中的教师必须是学习型的。学习型的教师是一个永远追求自我超越、积极行动、善于反思和终身学习的人。古人云："学然后知不足，教然后知困。知不足，然后能自反也；知困，然后能自强也。"学习是教师和学生成长的起点。在学习中了解自己的不足，反思自我，然后才能超越自我。反思是超越自我的前提，反思是自我成长的必经之途，反思也是一种学习能力、一种教育原则，反思的过程就是学习的过程，反思的过程是成长的助推器。学生可以在反思中明辨是非，在反思中变得睿智。反思就是要求学生学会内归因，要求学生学会觉察自己的内心。一个经常反思的人不会停止学习的脚步。因此，要在心理健康教育过程中贯彻反思性原则，不断认识自我，不断缩短现实自我与理想自我的差距。

## 三、学生学习型心理健康教育模式的实施策略

建构学习型心理健康教育模式，从途径看，课堂学习是主阵地，因此必须加强心理健康教育课程建设；从主体看，关键是要建设一个学习型的心理教师团队，因为教师的学习力会在很大程度上影响学生的学习力；从对象看，学生是主体。学生的学习受到学校环境和家庭环境的影响，因此营造良好的学校和家庭学习氛围也是开展学习型心理健康教育的重要策略。

### （一）建设心理健康系列课程

课堂是师生最重要的活动场所，学生的智力、情感、意志等心理活动主要是在教学过程中展开的，教师与学生的人际互动也主要是在教学活动中产生的，课程是实施心理健康教育的主要途径。学生正处于发展中，通过及时的心理健康课程的引领，可以预防许多心理问题的发生，也可以指导学生自己解决心理困惑。

1. 根据年级差异设立心理健康课程内容

学生在不同的阶段有不同的心理发展课题，因此，心理健康系列课程建设就是根据学生的不同年级设立不同的课程。例如，一年级可以开设新生适应课程、团队合作课程、人际交往课程、青春期健康教育课程，二年级可以开设学习心理课程、人际沟通课程、时间管理课程、情绪管理课程，三年级可以开设生命教育课程、情感心理学课程、压力管理课程，或者开设职场心理学课程、社交礼仪课程、执行力课程。

2. 设立不同性质的心理健康课程

心理健康教育课程已经逐渐纳入德育课程体系中，而且一部分学校已经将心理健康课程纳入必修课中。心理健康必修课起到了普及心理健康知识、树立心理健康意识的作用，但是要全面培养学生的心理素质、提升心理健康水平，只有学期的心理健康课程是远远不够的。因此，在必修课之外，可以针对不同年级的学生设立心理健康选修课，建立一个开放的心理学习系统，让学生可以自由选择，充分学习。

3. 采用体验式教学理念

心理健康课程是集知识传授、心理体验与行为训练于一体的课程。其中，体验是关键。学校通过活动、创设情境、亲身实践、自我反思等途径，促使学生不断产生新经验、新认识，引导学生对课程中自己的心理感受、情感体验、行为变化、活动过程及效果等进行深层次思考，进而培养学生的反思和学习能力。

4. 创新心理健康课程教学的新形式

要不断提升心理健康教学成效，就要了解目前心理课程教学中存在的问题，并且针对问题，创新心理健康教学的形式。例如，针对每个班级的班级管理、师生沟通、个人成长的需要和特点，设计不同的课程模块，以"心理成长体验周"的形式，集中在周内，充分发挥团体辅导的优势，开展心理健康课程教学，效果非常显著。

（二）建设学习型家庭

所谓学习型家庭，是指家庭成员具有学习意识、学习习惯（包括向实践学习和向书本学习两种形式），将学习作为自身发展和提高家庭生活质量的需要，家庭中充满互动、互学的学习氛围，形成了培养孩子健康成长的良好环境。学校教育目标的达成离不开家长的配合。在学校教育中常常提倡家校合作。家校合作指学校与家庭在认识一致、目标认同、情感融洽、信息沟通的基础上，双向互动地共同促进学习型家庭的生成和发展。俗话说："没有教不好的孩子，只有不会教的父母。"家庭教育对孩子终身都有不可磨灭的影响。善于学习的家长能够陪伴着孩子成长，每当孩子到了不同的阶段，家长都能够适应和改变自己的教育方式。学习型家庭要求父母有一定的责任感、上进心和时代感，要求家长具有学习意识，学习一定的家教理论，改善自己的家教方式。学习型家庭要求父母能够给孩子营造良好的学习氛围，家长做孩子学习的榜样。实践证明，通过帮助家长成长来促进孩子的成长效果显著。

　　学习型家庭建设的基本策略如下：一是通过定期与不定期的家长会，抓住时机，开展家庭教育讲座、家庭教育咨询会、发放家庭教育读本等，让家长与教师进行交流、学习。二是建立网络学习平台。由于学生来自不同的城市，因此，要集中家长开展一次学习活动是非常不易的。而网络则突破了时空的限制，可以实现信息发布、资源共享、互动交流的功能。因此，学校教育要充分利用网络平台开展家庭教育，促进学习型家庭的建设。例如，通过微信平台，通过新生家长会的机会，家长扫二维码就可以加入学校开设的家庭教育微信学习平台。

### （三）建设学习型心理教师团队

#### 1.学习型心理教师团队的内涵

　　高品质、高水平的心理健康教育取决于是否有爱岗敬业乐业的心理教师。在心理健康教育这条路上，如果只有一个人孤单地前行，那将是漫长、孤独、苦闷的，他会面临学校心理健康教育困境、角色冲突、工作压力、职业倦怠和消极评价，还要努力扮演人格示范者、精神关怀者等角色。从专门的心理教师走向专业的心理教师，成长为专家型心理教师，这条道路是艰辛的。因此，要让心理教师成为健康快乐、和谐成熟、专业卓越的心理教师，就需要建立一个学习型的心理教师团队。学习型教师团队相互信赖、相互帮助，学习型教师善于反思与对话。教师之间可以通过对话与合作来提高教学水平，教师可以通过与学生的对话了解其学习状况，根据学生需求改进教学实践，从而提高教学效果。最有经验的教师明白教和学都是通过实践中系统的、持续的反思而得到的。反思是学习型教师的必备素质，也是学习型教师的成长之道，更是学习型教师的共同责任。俗话说"文人相轻"，但在学习型教师团队中，所有教师都愿意分享自己的成果和错误，形成一种允许犯错、从错误中成长的文化和氛围。学习型教师勇于实践，他们敢于不断尝试新的教学方法，一起寻求最好的教育途径和方法。在学习型教师团队中，心理老师能够快速地成长，快乐地发展。

2.学习型心理教师团队的建设策略

（1）定期交流

通过设立定期交流制度,增进交流,增强互信,形成良好的团队学习氛围。

（2）学习分享

团队成员各有特点、各有优势，每个人的兴趣也不一样。因此，在有限的学习机会下，有序安排团队成员根据各自的优势领域外出学习，可以促进每位教师学有专长、术有专攻。同时，每一位外出学习的教师都肩负着分享学习资料、学习心得的使命。通过个人外出学习、全体间接学习的方式，使团队成员的业务水平都有所提高。

（3）案例研讨

心理教师团队的每一位成员都是工作在教育一线的教师，会遇到各种各样的问题。虽然心理教师具备比较系统的心理学理论知识，但是在教育实践中，考验的是理论与实践相结合的应用能力。因此，针对不同个案，开展案例研讨，应用集体的智慧寻求问题的解决之道是解决问题的捷径，也是团队成员成长的捷径。

（四）营造浓郁的学习氛围

学校学习氛围不够浓郁、学生学习压力感较小，已经成为影响学校教育质量的负面因素。学生的学习兴趣较低，经常出现见不得其他学生认真学习的现象，反而为自己不务正业而沾沾自喜，这会对原本认真学习的学生产生负面的心理影响。因此，要大力开展学习重要性教育，大力提倡学习光荣、不学习可耻的教育，利用广播、橱窗、黑板报、校电视台、社团活动等大力营造学习的氛围，让学会学习的声音不绝于耳，逐渐养成自主学习、合作学习、探究学习的意识和习惯。让学生虚心向学的必由之路就是让学生多学习。因为学习越多，越能察觉自己的无知；越追求卓越，越能激发自身的潜能，越能建立真正的自信。

# 第二节　大学青春期心理健康教育模式

随着学校对心理健康教育认识的逐步深入，心理健康教育已成为学校素质教育的重要内容和组成部分。加强和改进学生心理健康教育是一项复杂的系统工程和创新工程，唯有更新观念，科学探索，才能推动学校心理健康教育工作的积极发展，才能建构起高起点、有特色、可操作的学生心理健康教育模式。

## 一、学生青春期心理健康教育模式概述

学生青春期心理健康教育模式，可以理解为学校在开展心理健康教育工作的实践中形成的一种设计和组织学校青春期心理健康教育工作的理论。青春期心理健康教育模式的建构，对于学校开展心理健康教育工作具有十分重要的理论意义和实践价值。

### （一）学生青春期心理健康教育模式的基本内涵

学生青春期心理健康教育即指教育者在一定的心理健康教育理论指导下，根据学生青春期的生理、心理发展特点，运用心理学、教育学及其他相关学科的理论与技术，通过学校现有的心理健康教育课程、心理健康教育活

动、学科渗透、心理辅导与咨询，以及优化教育环境等有关心理健康教育的途径和方法，帮助处于青春期的学生解决成长过程中的心理问题，促进全体学生心理素质提高和心理机能健康发展的一类教育活动的总和。

我国学校心理健康教育工作者在实践中，总结了多种心理健康教育模式。主要有教育学模式、心理学模式、医学模式等。

### 1. 教育学模式

教育学模式是一种促进人发展的教育取向的心理健康教育模式，其理论与实践基础不仅包括心理健康教育理论，而且还包括中国传统文化中德行教育等。教育学模式既是当前我国学校心理健康教育的主要模式，又是我国学校心理健康教育模式本土化的表现，在心理健康教育领域取得了丰硕的成果。

### 2. 心理学模式

心理学模式即以心理健康为取向，以普通心理学、社会心理学、变态心理学等为理论基础，重视心理技术的运用，多采用心理辅导、心理咨询、心理治疗等方法的心理健康教育模式。心理学模式是我国学校心理健康教育模式中专业性较强的模式，在学校心理健康教育中具有不可替代的作用。

### 3. 医学模式

医学模式是以病态咨询为取向的心理健康教育模式，其目标包括对学生的心理障碍与心理疾病进行鉴别、治疗，从病态的心理治疗上维护学生心理健康；从预防精神病的角度开展心理卫生教育与心理咨询；从常态的心理咨询教育上提高学生的心理素质。

任何模式都有其内在的结构，学生心理健康教育模式的结构是由模式包含的诸因素有规律地构成的系统。一般而言，一个完整的心理健康教育模式，必须具备普遍性、启发性、科学性、针对性、实效性、原创性和简约性等基本特征。学生青春期心理健康教育模式是学校针对全体学生而建立的模式，它并非仅针对发生心理问题的学生，而是以帮助和促进全体学生发展为目标。

## （二）学生青春期心理健康教育模式建构的意义

进入21世纪，我国学校教育迅速发展。然而，学校教育快速发展的规模与现行的、相对滞后的教育教学模式之间呈现了较大的反差。这种反差不仅直接影响并制约着学校教育的健康发展，而且给建构学生青春期心理健康教育模式研究提出了相对迫切的现实需求，并赋予了该研究极为重要的现实意义。

1. 社会发展的迫切需求

随着人类社会步入了以高新技术为主要特征的信息社会，经济、政治、文化的多元化趋势日益明显，社会从对高学历、高层次人才的需求转向了对技术型人才的需求。当前出现的新的教育环境和社会环境，极大地影响着学生的心理发展。建构学生青春期心理健康教育模式，建立具有浓郁心理健康教育氛围的校园文化环境，在校园内开展形式多样的青春期心理健康教育活动，对学生施加良好的心理影响，能够培养他们的健康心理、优秀品质、良好心态，从而为社会培养心理素质过硬的技术人才。

2. 学生青春期发展的内在需求

从学生这一群体看，处于青春期的他们有朝气，健康向上，有着良好的身心与人格基础，普遍关注自身的全面发展，希望发掘自我潜能成长成才，但学生作为当代学生中一个特殊的群体，加之处于青春期这个特殊时期，他们又承受着比其他学生更大的心理压力，也面临着升学、就业、人际交往、经济生活等各方面的巨大压力。受社会传统文化的影响，教育并不被全社会认可，不少学校的学生不同程度地出现自卑、抑郁、焦虑、偏执等心理现象，有的甚至出现严重的心理问题和精神疾病。因此，建构学生青春期心理健康教育模式，加强学生青春期心理健康教育，其现实意义重大。

3. 心理健康教育理论研究和实践探索的要求

学校教育起步较晚，但发展很快，已成为我国教育事业中的一支重要生力军，而学校心理健康教育还未普遍开展，理论研究相对滞后。开展建构学生青春期心理健康教育模式的研究，有助于丰富学校心理健康教育的理论研究和实践探讨，为学校心理健康教育的社会实践提供生动而鲜活的案例，为建立学校心理健康教育的理论体系提供有力的支持。

## 二、学生青春期心理健康教育模式的科学建构

学生正处在青春期，身体和心理都发生着急剧的变化。由于生活水平的提高，当代青少年的身体发育高峰提前到来，但心理成熟则发展相对缓慢，身心差距的拉大会造成青春期烦恼，学生迫切需要正确看待自身变化，以积极的态度来塑造理想的青春形象，这就要求学校科学合理地进行青春期心理健康教育。建构青春期学生心理健康教育模式，既是对心理健康教育理论的新探索，也是对心理健康教育实践的新尝试，更是学生心理健康教育内涵发展的新跨越。

### （一）学生青春期心理健康教育模式的现状分析

模式，其实就是解决某类问题的方法论。把解决某类问题的方法总结归纳到理论高度，就是模式。模式是一种参照性指导方略，有助于得到解决问题的最佳办法从而高效完成任务，有助于按照既定思路快速做出优良的设计方案以达到事半功倍的教育效果。正因为如此，建构学生心理健康教育模式得到教育界的关注和重视。

在知网的文献搜索中，有大量青春期的研究文献，但学生青春期的心理健康教育研究数量少，青春期心理健康教育模式研究仅有一篇。在全部关于青春期心理健康教育模式的文章中，从内容上看，大量文章仅仅介绍学生青春期心理特征、主要问题等，有的只是抓住青春期性心理进行研究，关注表面现象而不够深入；有些文章只是对校本经验的介绍，缺乏系统、深入的理论研究，或者侧重讲述家庭、学校和社会三个主体在青春期心理健康教育中的不同地位，并没有展开阐述和具体分析。可见，学生青春期心理健康教育模式建构较为系统的研究很少，具有进行深入研究的价值和意义。

针对学生青春期心理健康教育模式进行现有文献的搜索和研究现状的分析，研究者可以获得更多启发，不仅可以了解到当代学生青春期问题特征，而且还可以了解到不同类型的学校在青春期这一"心理断乳期"采用的教育教学策略。

青春期心理健康教育模式的实施主体是教师或学校，而学习主体为学生。

"以学生为中心"的教育理念表现为：学生是青春期心理健康教育的主体，模式建构要从学生出发，最后回归到学生青春期心理健康、人格健全、潜能发掘。因此，模式建构研究首先要考虑学生不同于其他类型学校学生的突出特点。

青春期是模式建构时要把握的又一关键点。学生心理健康教育模式的研究视角可以多样，但对处于青春期的学生进行心理健康教育不等同于平常的心理教育，它更加关注这一特殊年龄阶段，需要具体深入地研究青春期心理健康教育的过程与方法。因此，模式建构要结合理论，围绕青春期展开分析阐述。

### （二）学生青春期心理健康教育模式的理论基础

学生青春期心理健康教育模式的建构离不开教育学与心理学的一些基本理论。班杜拉社会学习理论、人本主义潜能理论、马斯洛需要层次理论是建构本模式的理论基石。

#### 1. 班杜拉社会学习理论

社会学习理论强调的是观察学习或模仿学习。阿尔伯特·班杜拉（Albert Bandura）认为，人的行为受自我调节的作用，它是个人的内在强化过程，是个体通过将自己对行为的计划和预期与行为的现实结果进行对比和评价，形成内部判断标准，从而调节自身行为的过程。社会学习理论对青春期心理健康教育模式具有重要启示价值，在学生的学习生活中，发挥教师榜样的积极作用，合理规避现实生活中不良环境对学生产生的影响等都可以对学生心理和行为产生积极的强化作用。除此之外，班杜拉十分关注个体内在的自我调节过程，应用到青春期心理健康教育中，可以通过形式多样的学习过程，建构学生自己对青春期身心变化的认知、对青春期性心理的正确应对策略。

#### 2. 人本主义潜能理论

潜能理论是人本主义心理学的重要理论。人本主义假定"人性本善"，人类具有趋向完美、谋求自身充分发展的动机，只要机会和环境允许，个体就将致力于发展自我，使其各方面潜能都能得以发挥，满足个体自我实现的需要。潜能理论认为：个体内在存在"机体智慧"，它是指向越来越完善的存在，是指向越来越努力实现这种完善的趋向。学生青春期心理健康教育首先要相信青春期个体完善自我的需要，并对这种需要进行适当引导，在课程开发、校园文化建设等教育途径中，充分尊重学生、相信学生、发展学生，创造顺应学生发展的环境，宽中有度，紧中有驰。同时，潜能理论还在建立积极的师生关系、咨访关系，以及确立科学全面的课程目标和辅导目标上有重要启示，个体都有向上发展与向更高级别需要发展的本能和动力，学校青春期心理健康教育不能只静止地关注个体目前已经出现的问题，而是强调要通过问题的解决和预防致力于帮助学生实现最佳发展。

3. 马斯洛需要层次理论

马斯洛需要层次理论把需求分成生理需要、安全需要、归属与爱的需要、尊重需要和自我实现需要五类，五种需要像阶梯一样从低到高，按层次逐级递升，亚伯拉罕·马斯洛（Abraham Maslow）认为：某层需要获得满足后，另一层需要才出现；该需要满足后，后面的需要才显示出其激励作用。其中生理上的需要、安全上的需要和情感上的需要都属于低级的需要，这些需要通过外部条件来满足；而尊重的需要和自我实现的需要是高级需要，它们是通过内部因素才能满足的，而且一个人对尊重和自我实现的需要是无止境的。每一时期总有一种需要占支配地位，对行为起决定作用。学生正处于青春期，他们的成人感强烈，自主性较强，同时对于异性的探索和了解需求迫切，根据需要层次理论，学校应该通过适当的途径，如课堂讲授、专家讲座、小组讨论等公开、适当的方式，结合校园、网络和其他宣传手段满足学生的好奇心；同时，积极转化这种低层次需求能量到自我实现的最高需求上去。个体对完善自我的需要是永无止境的，它能带来的成就感和满足感对于学生身心健康发展意义深远。

（三）学生青春期心理健康教育模式的理论建构

青春期是一个充满内在能量的年龄段，这些能量包括渴望自主的独立能量、由本能驱动的性欲能量，以及较难控制的情绪力量。以上三种能量，经过科学合理的青春期心理健康教育，都可以转化为正能量，从而确保学生心理健康，促进心灵成长甚至激发潜能，把人们常说的"危险期"转而成为人生的快速成长期。正确对待心理健康教育模式的指导作用，保持开放的姿态和发展性眼光，不断优化和调整模式的建构，确保青春期教育方向的正确性和模式的可持续发展，从而合理疏导青春期能量，帮助学生保持阳光心态。

1.坚持理论联系实践的运作要求

操作的环节是在学校教育资源充足、教育主体多方配合，以及学校与教育主体形成合力的前提下，将学生的需求纳入青春期心理健康教育，通过一定的途径和步骤具体铺展开来，其运作要求是理论联系实践，目标是保健康、促发展、挖潜能。

（1）知识宣传与活动实践相结合

多渠道、多形式地进行学生青春期心理健康教育，不仅可以通过静态的知识传授，也可以通过动态的活动开展来达到教育教学目标。静态宣传可以通过如性知识宣传、性道德教育、人际交往指导、情绪管理等方式告知学生在青春期将面临的变化，帮助学生做好心理准备。学校除了编写一套具有科学性、系统性和可操作性的教材之外，还可以通过校本刊物、黑板报、知识展窗等进行知识宣传，建设健康文明的校园文化。除此之外，学校和教师应积极开展相关活动，如主题班会、团体辅导、专题讲座、辩论会、讨论组等，这些都可以丰富学生学校生活，调动他们的积极性，学生在释放多余能量的同时还可以从同伴讨论和榜样学习中获益。

（2）全体教育与个别辅导相结合

青春期个体心理容易波动，个体内在可能会因为一个视频、一个误会或者一封信件产生较大的情绪变化，这种内在能量如果处理不好，会导致学生认知失衡，不仅消耗大量精力，而且会严重影响正常的学习和生活。因此对于学生全体，学校要加强青春期心理健康教育，将科学合理的心理调适知识传授给学生，与此同时，对于因特殊情况需要个别辅导的学生，学校应创造条件，建设个别辅导需要的场所，教师应以平等接纳的态度答疑解惑，帮助其尽快恢复心理平衡。

2.重视并引导教育对象的"反哺"

"反哺"是指受教育者的积极反馈对于教育本身的促进作用。"反哺"其实是一个转换环节,它一方面是将心理健康教育知识转化成教育实效,另一方面是将学生想法转化成改进动力。这一环节的运作要求是理论来源于实践,并且接受实践的检验。"反哺"的要旨是:坚持学生主体,积极反馈更新。

（1）积极发挥学生力量,维持教育可持续发展

以学生为中心的教育理念认为:积极发挥学生的主体力量符合当代教育发展规律,要促进教育的可持续发展,最重要的是获得受教育者的拥护。对于自主意识不断增强的学校学生来说,信任是最好的激励机制。因此,学校可以在学生群体中发展一批具备阳光心态、积极品质、亲和举止的学生作为心理委员或者"知心小伙伴",以每班一名的形式推荐上岗,通过专业培训,使他们成为一支拥有一定心理知识和助人愿望的学生队伍,将青春期心理健康教育渗透到学生工作的最前沿。

（2）加强"自我教育",促进个性成长

学生的个性多种多样,不能一概而论,但有一个共同点,就是不仅有独立的愿望,而且在不断发挥自主的能力,在正确的教育引导下,学生完全能达到"自我教育"的目标。为此,学校和教师应精心选择合适的青春期心理教育读物、音像、图片等,利用现代化的传播通道,如教室多媒体、校园广播、网络,甚至利用学生使用较多的微博、微信等平台,以便学生阅读和观看,这种方法更加适合一些性格较为内向的学生。

（3）保持渠道畅通,及时反馈更新

学生在助人、自助和自我教育的过程中,或多或少会有困惑和疑虑,这时,学校要创造条件,建立师生沟通的绿色通道,如心理信箱、心理咨询室、心理热线等,接收学生的来信并及时回复,接纳学生的来访并耐心倾听,接听学生的来电并有效回应。除此之外,建立教师与学生之间的稳定联系,让学生对于教育教学工作的一些意见建议以匿名的形式反馈到相关环节,这一部分同样可以建立以新兴传媒为载体的平台进行操作,从而不断改进和更新青春期心理健康教育模式,让模式永葆青春活力。

**3. 保持开放的姿态和发展性眼光**

教育工作本身具有较强的灵活性，它的一般模式可能只对部分学生的相应问题产生效果，而随着学生个体的成熟和社会文化环境的影响，学生青春期心理发展又会走向何方？青春期心理健康教育模式是具有较强开放性和发展性的体系，它需要不断补充新能量，才能整合教育经验，刷新教育形式，确保正确方向。

（1）教师教育要"加油"

教师的成长高度决定了学生的发展程度，一个好教师将会对学生的人生产生深远影响。首先，学校应考虑教师的专业成长，创造机会提高教师知识技能，为教师职业生涯"加油"。具体到青春期心理健康教育，排在核心地位的是青春期性知识的科学指导，这需要教师接受正规培训才能上岗。其次，学校应组织教师之间以老带新，也就是说，有经验的教师应在保护学生隐私的前提下，整理青春期心理个案并开展学术研讨，这种交流探讨可以是校际的，也可以是同地域的。最后，学校心理教师应定期接受督导，学校间心理健康教育工作者应相互鼓励和支持。

（2）学生成长需"锦囊"

由于受到个体成熟和知识经验的限制，学生自主进行的自助活动或心理健康互助实践可能停留在较低水平，一旦遇到难题，学生就需要必要的帮助和支持。因此学校应定期开展多种渠道、多种形式的心理知识培训，为其提供青春期心理"锦囊"，提高学生的心理健康水平。

### （四）学生青春期心理健康教育模式建构的原则

学生青春期心理健康教育模式建构的基本原则是在心理健康教育模式建构的整个过程中应该遵循的基本指导思想，针对学校教育教学特点，建构学生青春期心理健康教育模式需要遵循以下原则。

**1. 教育性原则**

"十年树木，百年树人。"这句话说明教育是一个漫长的过程，整个过程需经历不同的阶段；而教育最终的目标则要使个体成为合格的接班人。在教育中，教育者对处于青春期的学生进行心理健康教育的整个过程，是要根据具体情况，提出积极合理的分析，始终注意培养学生积极进取的精神，帮助他们树立正确的人生观、世界观和价值观。心理健康教育是社会精神文明建设的重要组成部分，要充分体现社会主义精神文明的特征，体现它的时代性和进步性。

学校青春期心理健康教育是针对学生青春期阶段产生的种种心理问题所进行的教育。针对学生全体，学校在创建轻松活泼的校园氛围的同时，不断改进课程建设，达到契合青春期学生认知特点的目标；教师紧随"e时代"步伐，刷新思维，更新知识，达到理解学生、信任学生、发展学生的目标；鼓励学生自主创建心理社团、讨论小组，以及其他非正式组织，使得同伴互助形成潮流。

2. 社会性原则

学生青春期心理健康教育模式将时代背景作为重点考察对象：当今中国已经进入了网络时代，网络信息对个体的影响日益增强。在学生可接触的传播通道中，以手机、书刊、电脑、电视等传播通道为主，这些通道或多或少地将一些敏感信息传递到学生的大脑中，其中黄色信息对青少年影响极大。一些自制力不强的学生可能会因此而误入歧途，甚至走向违法犯罪的深渊。针对学生不够成熟的性格，学生青春期心理健康教育首先就要过滤可控制通道的信息传播，为学生创造绿色的学习环境；与此同时，培养学生辨明是非的道德观和抵制诱惑的优良品质。

处于青春期阶段的学生，自主意识较强、情绪自控能力较弱，有时喜怒无常、感情用事，如何适应复杂的工作环境成为毕业生就业的重点问题。学生青春期心理健康教育模式将教育范围拓展到学生的社会实践中，通过邀请"职场达人"深入学生群体分享经验和走进工厂生产前线体验工作，"一进一出"地贯彻落实青春期心理健康教育。

2. 针对性原则

学生青春期心理健康教育是心理健康教育者针对学生开展的青春期心理教育活动，该模式的建构是为了使教育工作者更好地针对学校的学生这一对象群体开展的心理健康教育活动。因此，该模式必须根据学校的教育目标和现实需要，有针对性地实施教育。

青春期是心理性征的觉醒期，处于青春期的学生身体发育和心理发展急剧，因此常表现出热情洋溢、情绪多变、对异性好奇、自主意识增强等特征。学校要积极实施系统的青春期教育，促进学生理性认识青春期的矛盾冲突与心理变化，直面青春期的尴尬与困惑，塑造学生积极向上的青春风采与阳光形象。与此同时，学校教师要树立教育发展意识，积极了解当代学生青春期的心理发展和行为特征，从而理性反思、用心教育，引导学生顺利跨越青春期。

学生青春期心理健康教育对于教育工作者提出了更高的要求，首先应该了解当代青少年的心理发展状况并有针对性地采取教育手段；其次要尊重学生的个体差异，将每一个学生看成一个不可重复的独特存在，灵活运用青春期心理健康教育的通用原理，扬长避短、因势利导、因材施教，这样才能收到好的教育效果。青春期心理健康教育还要关注和重视学生的个别差异，根据不同学生的不同需要，开展形式多样的、针对性强的心理健康教育活动，切实提高学生的心理健康水平。

4. 科学性原则

学生青春期心理健康教育模式的建构，要围绕学校学生所处的特殊发展阶段进行研究而形成的模式，必须遵循学校教育规律，遵循学生身心发展规律。学生青春期心理健康教育模式是从学生出发，探讨特定群体特殊阶段的具体模式，它将具体的实践经验和方法融入理论，使得该模式充满了时代特征和青春活力，因此，对于学校学生青春期教育具有较好的通用性和可操作性。

## 三、学生青春期心理健康教育模式的实施策略

心理健康教育是学校培养高素质技能型人才的基础。只有心理健康，学生的德、智、体、美才能得到全面的发展，只有心理健康，学校才能培养符合当前社会需要的技术人才，因此制定学生青春期心理健康教育模式的实施策略就显得尤为重要。

### （一）学生青春期心理健康教育的家庭策略

家庭教育是学生接受青春期教育的重要来源之一，是学生青春期心理健康教育的"先行者"，它的作用是不可替代的。因为父母是子女的第一任老师，父母的道德观念、行为举止、生活作风对子女有着潜移默化的影响。因此家庭心理健康教育具有持续深入、具体细微、示范性强等特点。

1. 积极营造良好的家庭心理教育氛围

家庭道德状况对处于青春期的学生的角色意识、个性心理、道德观念的初始定形起着十分重要的作用。家庭青春期教育，就是帮助学生在青春期树立正确的道德意识，培养健全的心理，获得科学的知识。这是一种爱的教育、情感能力的教育，以及完美人格的教育。在青春期心理健康教育中，家庭和家长承担着不可推卸的责任。家长要转变观念，用坦诚的态度讲授科学的性知识，引导处于青春期的学生学会保护自己，树立正确的性观念、婚恋观，为学生青春期心理健康教育营造积极良好的家庭环境氛围。

2. 倡导学校教育同家庭教育形成合力

学生青春期心理健康教育，需要在学校和家庭之间建立起一种较为稳定的活动框架和活动程序。具体表现为学校与家庭之间互相学习、互相沟通、互相访问的互动模式。教师、家长、学生都是实践的主体，通过这种模式使学校学生健康成长，使学生的家庭受益，推动学校的发展。具体来说，学校可以组织青春期心理健康活动，邀请校内外心理专家通过开展家长学校等活动指导家长，使家长树立正确的青春期教育观念，学习如何与孩子沟通交流，从而帮助孩子顺利度过青春期；学校还应和家长建立密切的双向联系，及时沟通交流学生青春期心理发展信息，互相理解、支持配合，做到防患于未然。

### （二）学生青春期心理健康教育的学校策略

学校是青春期心理健康教育的"主阵地"，教育的最主要内容是对学生进行正确的恋爱观教育、性教育和人格教育。青春期性冲动是一种生理现象，青春期朦胧的爱情也是学生身心发展特点的反映，这些都不是道德品质问题。学校应该将重点培养学生健全的人格放在首位，引导学生处理好个人和他人及社会的关系，同时要引导他们学会选择、学会自尊、学会自律、学会自我保护，使学生获得分析判断的能力、选择符合道德规范行为的能力，从而正确对待青春期性冲动，顺利度过青春"危险期"。

1. 立足心理健康课程，教会学生把握异性交往的尺度

学校青春期心理健康教育，首先由受过专业培训、合格的教师，通过心理健康教育课程、讲座、宣传橱窗、宣传资料等方法对全体学生进行正面教育，把科学的心理知识和正确的道德观、价值观、伦理观传授给学生，以提高他们在实际生活中判断是非、抵制诱惑的能力；同时，要引导学生理解，学校阶段自己的人生观和世界观尚未定型，兴趣、爱好、志向、理想的可塑性还很大，过早地谈情说爱，不仅成功率低，而且一旦感情冲破理智的堤防，便会酿成终身憾事。其次，要培养学生的责任意识，让学生懂得与人交往就得对他人负责、对感情负责、对青春负责、对生命负责；与异性同学交往时要保持一定的距离，给他人留出足以保护自尊和安全感的空间。最后，针对处于情感萌芽恋爱中的学生，要做好深入细致的疏导工作，在异性交往原则、方式、态度，以及恋爱问题的应对处理等方面加强指导。

2. 积极建设校园文化，营造良好的心育环境

开展校园文化建设可以通过精心设计活动，为学生创造学习的机会。在具体的教育活动中，教育者应通过精心设计课堂内外的活动，培养学生多方面的兴趣和爱好，丰富学生的学习和生活内容，为学生创造快乐的源泉，转移学生对自我、对异性的过度关注。同时，学校可以开展青春系列专题活动，升华青春能量，营造良好的校园心育环境和宽松健康的异性交往氛围。制订专题活动月计划，开展青春期健康专题教育，围绕主题，通过讲座、活动课、个别咨询、游戏、同伴互助、宣传、影评、辩论等形式加强青春期教育。如每年春季可开展"青春行走"等专题活动月，让学生明白青春期身心变化，解决青春之惑；开展情绪情感管理类的辅导讲座或团体辅导活动，让学生了解并控制青春期情绪情感的变化；通过观看有关青春期的电影，让学生在同龄人的经历中获得感悟。

### 3.坚持预防为主，完善个别辅导机制

青春期教育应更加主动，且具有阶段性、连续性。学校不能只做"消防员"，而要主动出击，更要防患未然。预防为主的青春期心理健康教育首先要帮助学生掌握一些正确的、科学的性生理、性心理知识，了解基本的性健康、性保健常识。要教育学生树立健康的性价值观，帮助学生健康发展。与此同时，完善特殊个体的辅导机制，通过个别咨询，解决个性化问题。许多青春期的中学生对性问题非常敏感，心存顾忌和压力，因此可以通过个别咨询帮助其解决问题。个别咨询可采取面对面的形式，也可采取电话咨询、通信咨询和网上咨询等形式，促使他们及早走出困境。心理咨询部门应密切关注那些在心理咨询中发现问题的学生，及时给予必要的心理支持；同时应和各部门保持经常的联系，遇到学生处于情绪危机时，应严加注意，并通知各方做好预防应急准备。

## （三）学生青春期心理健康教育的社会策略

在多元社会中，各种影视媒体、文艺节目、网络世界提供了大量信息，但这些需要青少年进行比较、鉴别，筛选出有益于身心健康的内容去学习和接纳。社会是学生青春期心理健康教育的"实践场"，学生应努力掌握基础生存技能，积极投身社会生活实践。

### 1.树立自我保护意识，规避不良影响因素

大众传媒是影响学生性心理行为的主要渠道，他们获得性知识的主要途径便是性文艺作品。清新、健康的性文化能起到性的正面效应，如爱情影视、健美比赛、性学讲座、咨询门诊等。实施有效的学生青春期心理健康教育，因此必须坚持道德、知识、法制三位一体，标本兼治，构建以性道德与心理健康教育为基础的教育模式。青春期心理健康教育的内容除有关预防性病、艾滋病的知识教育外，尤为重要的是应加强科学的性道德教育，重构健康、文明的现代性道德观。要善于发挥各方面的力量，采取有针对性的青春期心理健康教育形式，引导学生珍惜青春、珍爱生命，让他们学会用理性驾驭自己的本能，用科学的知识技能保护自己、发展自己。

2.整合优势社会资源，促进心理健康成长

学生的心理问题，有一部分来源于他们的心理发展水平与社会要求之间的矛盾，处于青春期的他们，极易把社会上的一些不健康的生活方式及处事原则当作效仿的对象，这需要教育工作者真正深入理解青少年学校学生心理状况，调整教育方式，减少简单说教式教育，从学生实际出发，采用具有时代特征和贴近学生日常生活的案例进行解读、分析，让学生感觉到青春期教育的必要性和适用性。与此同时，学校的教育是为社会输出技能型、实践型人才，因此政府、社区、街道及企业单位要增加同学校的对接，针对即将毕业的高年级学生，为他们创造参观访问、单位实习、社会实践，以及其他接触社会的机会，让学生有机会走出校园，在老师的指导下体验社会生活，教会学生如何进行青春期自我保护和社会信息选择，这一环节将成为学生进入社会之前的缓冲地带。

（四）学生青春期心理健康教育的自助策略

青春期是个体心理的"第二次断乳"，此时学生成人感较为强烈，希望通过自己的力量来达到目标；与此同时，他们的同伴关系逐渐发展到高峰，容易形成深厚的友谊，因此，学生处于这个心理发展阶段时，学校可通过适当引导的方式，发挥学生的主观能动性，在提高学生自助和互助能力的同时，实现青春期心理健康教育的目标。

1.发挥朋辈群体的作用，倡导心理互助

"伙伴群体"，亦称"同辈群体"，是一种适合个体身心发展、满足个体需要的非正式社会团体。由年龄、身份等相同要素组合形成，同伴群体对于每个成员的心理发展有着重要的影响。广泛进行同伴交流，可以提高教育的说服力。针对学生的典型性问题，通过平等和谐的讨论，使学生自己得出正确的结论。由于这样的意见来自学生群体自己，对学生特别有说服力；在课程或讲座、辅导活动开展过程中，要注意面向全体学生进行正面引导，但针对每一个学生的具体情况，尤其是针对学生共同关心、普遍存在的问题，可以课堂讨论的方式，通过同伴作用来进行辅导，这样既使学生有了共同分担问题和困惑的机会，也使学生有机会分享同伴的经验，还避免了来自教师等成人的压力和可能出现的尴尬局面。如关于早恋问题，教师的讲座可能由于学生的逆反心理使效果大打折扣，但同伴的意见却非常有效，只要教师工作做在前面，引导得法，课堂讨论可取得意想不到的效果。

2. 发挥学生的自主性，倡导心理自助

处于青春期阶段的个体，具有十分明显的自主意识。对于学生，由于其已经具备了一定的自助能力，所以在正确的引导下，他们完全有能力通过自我学习来达到自我教育的目标。因此，要加强对学生"自我教育"的指导，使不同个性的学生都得到适当的帮助。为此，学校和教师应精心选择合适的读物，有条件的也可自己动手，编制、编写一些能把握时代特色，适合本校本地区学生的生理、心理教育的读物、音像图片等，供那些性格比较内向，不愿意参加其他活动的学生阅读；编写家长读本和教师读本，以提高家长和普通任课教师的性心理健康教育水平。

# 第三节  大学就业心理健康教育模式

心理健康教育是现代教育的重要标志。学生正处在身心发展的转折时期，随着学习生活由普通教育向教育转变，发展方向由升学为主向就业为主转变，以及将直接面对社会和职业的选择，面临职业竞争日趋激烈和就业压力日益加大的环境变化，他们在就业与择业等方面难免产生各种各样的心理困惑或问题。开展就业心理健康教育，可以让学生学会接受真实的自己，增强克服困难的信心和勇气，激发积极性和主动性，使学生认识自我，调整心态，树立积极乐观的人生态度，明确自己未来的理想和追求。建构学生就业心理健康教育模式，就是要引导学生进行心理调适，帮助学生巩固和强化积极的情感体验，增强迎接挑战的信心，增强担当意识和社会责任感。

## 一、学生就业心理健康教育模式的概述

"所谓职业，是指人们从事相对稳定的、有收入的、专门类别的工作。它是对人们生活方式、经济状况、文化水平、行为模式、思想情操的综合性反映。"而就业是指具有劳动能力的人在法定的劳动年龄内依法从事某种有报酬或劳动收入的社会职业。可见，就业既需要相应的职业技能，更需要作为职业人的职业素养，而健康稳定的心理素质是其中的重要组成部分。就业心理健康教育就是要培养学生积极向上而切合社会、家庭、自身实际情况的健康的就业心态，形成良好的就业心理适应能力，有效控制就业过程中因挫折而引发的不良心理状态甚至心理危机。就业心理健康教育模式的建构就是要以此为目标，寻找开展就业择业心理健康教育的心理学理论基础，探讨开展以就业为目标的心理健康教育的方式方法。

### （一）学生就业心理健康教育模式建构的背景

就业的心理状态对成功就业影响很大。学生面临就业择业时往往会出现多种心理状态，其中一些负面心态会对就业产生不良影响，需要在就业心理健康教育中加以重视和解决，这也是就业心理健康教育模式建构的出发点和背景。

1. 学生就业过程中的不良心理

（1）就业的焦虑心理

学生的就业是他们走出校门迈向社会的第一步，许多涉世未深、缺乏社会经验的学生无所适从，有的会期望过高，不切实际；有的急于求成，却事与愿违；有的有畏难情绪，迟滞不前。不管具体表现如何，在就业过程中普遍会出现焦虑和焦躁不安的情况。

（2）择业的矛盾心理

学生在择业过程中，往往面临着种种剧烈的心理冲突，因而产生种种矛盾的心态：希望自主择业，但又不愿承担风险；渴望竞争，但又缺乏竞争的勇气；胸怀远大理想，却不愿正视眼前现实；注重专业能力的发展，但又互相攀比、爱慕虚荣；重事业、重才智的发展，但在实际价值取向上重物质利益；

对自我抱有充足的信心，但在遇到挫折之后，又容易自卑；既崇尚个人奋斗、自我实现，又有较强的依赖感。职业目标上理想和现实的反差，自我认知上自傲与自卑并存，职业选择上独立性和依赖感错位，使得部分学生在就业中感到十分迷惘和困惑。

（3）依赖社会关系的心理

在就业过程中，一些学生缺乏主动参与意识和竞争意识，信心和勇气不足。在社会为其提供的就业机会面前顾虑重重，不能主动地参与就业市场的竞争，向用人单位展示自我、推销自我，依靠自身的努力去赢得用人单位青睐；而是或寄希望于学校，或寄希望于地方毕业生就业主管部门，或寄希望于家庭，在就业行为上或静候学校和地方的安排，或依靠家长去四处奔波，缺乏择业的主动性，等靠思想和依赖心理严重，使自己在就业中处于劣势。

（4）自满自傲的心理

自满自傲心理在一些学业成绩或个人能力相对出色的学生身上反映最为突出。这些学生受陈旧观念的影响，自认为高人一等，过高地估计自己的知识和能力。在择业过程中，有的好高骛远、自命不凡、眼高手低，给用人单位留下浮躁、不踏实的印象，不受用人单位的欢迎；有的则期望值过高，择业脱离实际，怕吃苦，讲实惠，不愿到基层和艰苦地区等需要人才的地方工作，择业目标与现实之间存在着巨大的反差。

（5）自卑畏缩的心理

自卑心理也是学校学生就业过程中一种常见的心理现象。一些学生过低估计自己的知识和能力水平。表现在就业过程中，有的学生对自己缺乏自信，与人交流时过于拘谨、缩手缩脚、优柔寡断，不能向用人单位充分展示自我，从而错失良机；有的学生因为学历、成绩、能力、性格等方面的某些缺陷和不足丧失了勇气，悲观失望、抑郁孤僻、不思进取，觉得自己事事不如他人，不敢参与就业市场竞争。

（6）害怕挫折的心理

生活中有成功就会有失败。而学校许多学生由于一直囿于校园，生活经历比较简单，未曾经历过波折，没有经受过挫折的考验，所以心理承受能力和自我调节能力较差，情绪波动大，情感较为脆弱，缺乏应对挫折的准备。在就业过程中，他们往往希望一蹴而就，能够顺利就业，害怕失败。一旦受到挫折，往往感到悲观失望，或对自己、对未来失去信心、消极等待，或怨天尤人、顾影自怜。

（7）盲目攀比的心理

在就业过程中，由于每个人生活的环境、家庭背景，以及能力和性格存在差异，机遇也不尽相同，因而在择业目标、职业选择上不具有可比性。而有些学生血气方刚，喜欢争强好胜、虚荣心较强，容易引发攀比心理。表现在求职择业过程中，往往无视自身特点，对自我缺乏客观正确的分析，不从自身实际出发，不考虑所选单位是否适合自己，而是盲目攀比，不屑到基层工作，总想找到一份超过别人的十全十美的工作，这种攀比心理使得不少毕业生迟迟不愿签约。

（8）无主见的从众心理

学生正处于人格逐渐完善和成熟的阶段，容易受社会思想和社会观念的影响。人云亦云，缺乏个人主见，从众心理较为严重。表现在就业过程中，就是忽视所学专业的特点，过分追求实惠，盲目流向经济发达地区和中心城市就业，追求功利，一味追求所谓的热门单位、热门职业，没有从职业发展与个人前途、国家需要去考虑，求安稳，缺乏积极进取精神，功利主义、实用主义思想严重。

这些心理状态是就业心理健康教育所要重视的现象，是学生就业心理健康教育模式建构所要解决的实际问题。

2. 就业择业不良心理的影响因素

（1）社会因素

社会不正之风的影响。社会上存在的通过拉关系、走后门、钱权交易等方式找工作的现象，在一定程度上使部分学生认为只有这样才能找到工作，导致部分学生在校期间学习不努力，不注重提高自身素质。

大众传媒责任的缺失。一些大众传媒在赚取点击率与赢得关注度的利益驱动下，过分地宣传学生就业的压力和难度，导致学生在一定程度被误导，丧失自主择业的信心和勇气，甚至在就业面试时举止失措、发挥失常，最终错失工作机会。

（2）学校因素

专业结构设置不合理。部分学校为了招生，一味地追求专业数量而忽视专业质量，对一些社会需求少的冷门专业不能做及时调整，盲目开设一些热门专业，专业设置与学生实际、学校实际，以及社会实际相脱节。

就业择业指导体系不健全。学生数量日益增多，而学校针对学生的就业择业指导体系不完善，机构不健全，就业指导教师队伍素质良莠不齐。很多学校的就业指导教师不是专职而是由辅导员兼任，他们往往盲目追求学生就业率，不看重职业素质学生的培养，这些在很大程度上导致了学生缺乏良好的就业择业心理。

（3）家庭因素

传统家庭文化观念对当代学生就业择业观的束缚。我国有着丰富多样的家庭观念。例如，孝悌纲常观念中的养儿防老；教育过程中的出人头地、光耀门楣等；家庭价值观中的"万般皆下品，唯有读书高""学而优则仕"等观念，经历千百年的历史洗礼至今仍影响着广大家庭。多数学生在择业过程中会考虑父母意见和家庭需要，如父母养老、家庭地位及名望，如果条件允许多数学生希望回到家乡就业或者到离家不太远的地方就业。

家庭成员的职业价值取向影响学生就业择业倾向。在一定程度上，父母的职业价值观念决定了子女未来的职业选择，父母依据自己的经验所获得的社会职业认知及职业理想来对子女进行有意识、有目的、有计划的择业教育，培养子女的职业理想和择业态度。

（4）个人因素

思想道德素质方面的影响。作为择业价值观主体的学生的思想道德修养影响着主体价值选择的方向。思想道德素质高的学生往往会选择符合社会发展方向和时代发展要求的价值目标，从而为社会做出自己应有的贡献。而思想道德素质不高的学生会片面强调个人的需要，"以个人为本位"来追求经济利益和自我价值。

个性因素方面的影响。个性因素包括兴趣、爱好、性格、气质等。不同个性的人适应不同的职业群。不同个性的学生对职业也有着不同的要求。而有些学生择业时不考虑自己的个性心理特征，不是选择自己适宜的职业，而是盲目择业，往往导致就业以后缺乏竞争力和发展空间。

### （二）学生就业心理健康教育模式的现状分析

我国学生心理健康教育起步较晚、基础较差，集中表现为学生就业心理健康教育的现状不能满足高速发展、日益增长的现代教育的需要，忽视了学生群体的普遍心理健康教育需求，对学生心理健康教育本质认识不足，对学生心理需要把握不到位，在实施过程中没有遵循教育的一般规律等方面。当前学生就业心理健康教育存在的一些认识和实践的误区，需要引起人们的反思。

#### 1. 教育目的趋于功利化

随着学生就业压力的不断加大，学生的就业心理健康教育越来越受到教育行政部门的重视，开展就业心理健康教育已经成为学校必须承担的教育责任。但是，就业心理健康教育在某些学校并未得到应有的重视和真心的认可。就业心理健康教育在一些学校的教育中处于边缘的地位，表现为体制不完善、资金投入少、机构不固定、教育活动不系统。一些学校开展了一些就业心理健康教育，仅仅是出于应对教育行政部门的检查和评比，心理健康教育的形式大于内容；或是有意无意地将就业心理健康教育定位在"提高就业率、保证入学率"等功利化的目标上，并未真正地落到实处使学生受益。

#### 2. 教育取向趋于工具化

随着时代多元价值观念的冲击，学生本身所处的特殊心理时期和特殊就业、择业环境和其他多方面因素的影响，学生群体心理问题的集聚乃至爆发，越来越多地发生在学业中、后期和实习、择业阶段，这成为德育不能承受之"重"，素质教育难以维系之"痛"。一些学校就业心理健康教育的存在，主要是为了解决学校教育中出现的问题，使学生的问题少一些，使"问题学生"少一些，为学校日常教学扫清障碍、铺平道路。这一工具化的价值取向，把就业心理健康教育作为教育的附庸和补充，忽视了心理健康教育的根本目的在于人，是为了帮助学生理性地回答好"我是谁？我从哪里来？我想到哪里去"的人生课题，背离了学校教育"育人为本""先成人再成才"的核心旨趣。

3. 教育重点趋于病理化

一些学校认为，心理健康教育就是要"解决问题学生的心理问题"，把心理健康教育的重点放在解决学生的心理问题和心理疾病上，侧重于诊断和矫正性的"病理化"心理教育。这种片面的做法，直接导致了就业心理健康教育工作仅仅围绕所谓"问题学生"开展，这不仅不能从根源上预防心理疾病，也忽略了大多数学生良好心理素质的培养与提升，偏离了学生就业心理健康教育"一切为了学生，为了一切学生，为了学生的一切"的本旨。开展学生就业心理健康教育需要有问题意识，但不能唯"问题"是论，这种"头痛医头，脚痛医脚"的做法，由于忽视了学生整体心理素质的提高，新的问题仍然层出不穷。

4. 教育内容趋于科普化

一些学校就业心理健康教育，与基础科学、实训技能等教育混为一谈，无论是通过课堂教学，还是心理健康知识专题讲座、心理健康知识宣传，强调的都是学生对心理健康知识的掌握，教育的方式主要是心理健康知识的普及。然而，学生对心理健康知识的内化不等同于学生心理素质的提升和完善，也不等同于学生心理调适技能的掌握和运用。用"填鸭式"教育模式将就业心理健康知识像传统的学科知识一样灌输给学生，没有体现就业与择业心理健康教育的本质和特色，是没有真正理解和掌握就业心理健康教育内在价值的深刻体现。

5. 教育方式趋于说教化

如果把学生就业心理健康教育放到学校课程体系的重要组成中看，就业心理健康教育作为一门新兴的课程，离不开课堂教学这一基本的教学形式。一些学校心理健康教育形式单一，以课堂教学为心理健康教育的唯一载体，把就业心理健康教育等同于学科教学，局限于心理学知识的传授，把学生的心理问题简单地归结为思想品德问题,将就业心理健康教育简化为课堂教学,走入了心理健康教育简单化的误区。就业心理健康教育与其他课程的最大区别在于,它是最需要触动人内心的教育,是一种最需要学生去体验、感受的教育,而单纯的课堂教学囿于条件的限制显然难以达到这一目标。

尽管学生就业心理健康教育存在这样那样的问题,但这些问题在昭示不足与缺陷的同时,也提供了科学发展的专业挑战和实践机遇。剖析学生就业心理健康教育模式的得与失,关键在于,学校教育工作者能否从诸多问题的背后看到发展希望和前进方向,进而匡正教育教学理念,优化心理健康教育实践。

## 二、学生就业心理健康教育模式的科学建构

著名历史学家房龙在其《人类的故事》中开篇便说:"我们究竟是谁?""我们来自何方?""我们到底要到什么地方去?"其实,每个人都要在漫长的人生旅途中解答类似于房龙的三个问题。我们在研究高等学校学生心理健康教育问题,特别是科学建构学生就业心理健康模式的过程中,更应该深切意识到大学生所处在的身心发展的特殊阶段。学生大都在18~22岁的黄金发展年龄段,正处在理性人格逐渐养成、身心发展逐渐成熟的关键时期,正是人生烦恼最多、心理冲突最强、择业压力最大的特殊时期。而恰恰在这个时期,学生往往比同龄人更早地面对社会和职业的选择,更直接地面临日趋激烈的职业竞争、日益加大的就业压力。结合当前我国高等教育的实际,对现有的学生就业心理健康教育模式进行研究和梳理,提出切合实际的学生就业心理健康教育模式,以帮助学生做好就业心理准备,确立就业目标和发展方向,树立正确的择业观、职业观、创业观,保持健康、积极、向上的良好心态,满怀信心迎接职场的挑战、实现人生的转折、激发自身的潜能、创造事业的辉煌。

### (一)学生就业心理健康教育模式的理论渊源

学生就业心理健康教育模式的建构,需要从哲学的视域、心理学的框架、

教育学的方法，多学科关注、多元化参与，建立科学共识，形成综合视角，探讨学生心理健康教育的核心价值，分析学生就业心理健康教育模式的理论渊源、发展方向。

1. 人本主义心理学

人本主义心理学于 20 世纪五六十年代在美国兴起，七八十年代迅速发展，它强调人的尊严、价值、创造力和自我实现，把人的本性的自我实现归结为潜能的发挥，而潜能是一种类似本能的性质，主张心理学必须从人的本性出发研究人的心理。有学者提出，心理健康教育的本质是"人类有意识、有目的地促进自身心理发展的一种实践活动"。既然心理健康教育本质上是围绕着人而开展的一项活动，那么对人的关切就成了心理健康教育无法回避的主题，心理健康教育的全部价值也就在于人："一种基于人性、张扬人性的教育"。可以说，心理健康教育的核心价值就是发展和提升人性、塑造和完善人性，要"一切从人出发，一切为了人，一切服务于人，一切着眼于人的全面发展，重视人的生命和生活，关怀人的价值和使命，关照人的精神和信仰"的要求。

2. 发展心理学

发展心理学是研究心理发展规律的科学，它揭示了人的心理生成与发展的一般规律。研究心理健康教育、建构心理健康教育的模式，都必须从人的心理生成和发展的一般特征出发。每个人心理的发生与发展，都是遗传和环境相互作用的产物，不同的遗传素质、成长环境，形成了个体独有的心理特征。开展学生就业心理健康教育，既要抓好"面"，又要关注"点"；既要从学生共有的心理特征出发，又要针对个体独有的心理特征开展有针对性的教育活动。唯有如此，才能真正使就业心理健康教育惠及每个学生。

3. 教育学

教育学为心理健康教育提供切实可行的方法和策略。它要求心理健康教育必须遵循教育的一般规律、明确具体的教育目标、制定可行的教育大纲、完善心理教育内容、开设心理健康课程、确定教育评价标准，以及对教育成效的检验与考核等。教育学更为学生就业心理健康教育模式的建构提供了可供借鉴的现代教育精神，即更加注重对人性的关照，以及对人的心理发展的关怀。另外，从教育学的视野审视就业与择业心理健康教育，还必须协调其与其他教育学科的关系，明确其在教育体系中的定位，这在某种意义上将直接决定就业心理健康教育实施的成效。从教育学的视野审视学生就业心理健康教育模式，只是借鉴教育学的科学原理并遵循教育实施的一般规律，并不意味着心理健康教育可以同其他的学科教育等同起来，学生就业心理健康教育模式不等同于一般学科教育模式，应遵循其本身特有的规律。

## （二）学生就业心理健康教育模式的理论建构

学生就业心理健康教育模式是由理念、目标、条件、程序、评价五个因素所构成的一个系统。建构学生就业心理健康教育模式，就离不开对这些因素的分析与把握。

1. 理念

（1）"自我实现"的心理发展理论

"自我实现的需要"是马斯洛需要层次理论中需要的较高层次。按照马斯洛的观点，自我实现是指个人的潜在能力、天资在发展过程中的不断实现，是使命的完成，是个人对自身的内在价值更充分地把握和认可。基于他的"自我实现"的理论认识，他认为教育应使学生获得价值感，应该挖掘、激发学生的内在价值，使受教育者获得生存的意义。而对学生进行就业心理健康教育的意义就在于帮助学生不断发掘自身的内在价值，最终获得在就业，甚至在人生发展中的成功，这与"自我实现"的心理学理论意义是一致的。

（2）"以人为本""以生为本"的价值取向

人本主义心理学代表人物罗杰斯提出了"自由学习"和"学生中心"的学习观与教学观，旨在通过知情统一的方式，培养"躯体、心智、情感、精神、心力融汇一体"的人，即完人（whole person）。这种教育能"促进变化和学习，培养能够适应变化和知道如何学习的人"。

"以人为本""以生为本"作为现代教育的核心理念和根本原则，对包括教育在内的所有教育层次、教育类别都具有普适性。学校心理健康教育要立足教育，重在指导，以学生为主体，遵循学生身心发展规律。

（3）"发展、调适相结合"的心理辅导理念

开展高等学校学生心理健康教育，必须坚持"面向全体与关注个别差异相结合；发展与预防、矫治相结合，立足于发展"的原则。因此，学生就业心理健康教育就必须面对全体学生，采取多元化的辅导措施，开发个体潜能，提高职业心理素质，培养良好职业习惯，以发展学生的和谐人格。

学生就业心理健康教育模式，要在人本主义心理学的基础之上，在"自我实现"的前提下，体现现代教育的"以人为本""以生为本"的教育价值取向和"发展、调适相结合"的心理辅导的价值理念，不能只关注少数在就业中有心理问题的学生，而应该面对全体，强调学生的发展性。

2. 目标

随着学习生活由普通教育向教育转变，发展方向由升学为主向就业为主转变，以及将直接面对社会和职业的选择，面临职业竞争日趋激烈和就业压力日益加大的环境变化，学生在求职择业方面难免产生各种各样的心理困惑或问题。要将"培养学生的职业兴趣和敬业乐群的心理品质，提高应对挫折、匹配职业、适应社会的能力"作为学校学生心理健康教育的目标。因此，学生就业心理健康教育模式的目标就是要使学生树立正确的职业价值观，养成良好的职业道德，塑造得体的职业气质，最终形成较好的职业心理素质，以实现个人职业生涯的最优化发展。

3. 条件

学生就业心理健康教育不是一项简单、单一的教育活动，而是一项系统工程，要将其纳入学校教育教学活动的总系统之中，充分发挥教育的整体效果。学校要建立校长领导、学生工作处和招生就业处领头，专兼职心理教师主负责，班主任和各任课教师参加的就业与择业心理教育体系。在学生中建立院系、班、寝室联系的学生系统，及时发现学生中存在的就业与择业心理问题，进一步扩大就业与择业心理健康教育的范围。同时，学校必须充分利用学校的硬件条件，创设良好的就业与择业环境，让学生体验就业与择业。

4.程序

（1）独立与渗透

学生就业心理健康教育模式，其主题是"就业"，因而它不同于其他的心理健康教育模式。首先，学校必须开设专门的教育课程，如职业生涯设计、就业与创业等。通过专业课程的教育，帮助学生掌握"就业"的相关知识，以提升学生的理论知识。其次，要将职业心理健康教育渗透到各个学科教学过程之中，帮助学生更好地认识专业和未来的职业，养成良好的职业习惯，树立正确的职业价值观，形成较好的职业心理素质。

（2）全过程与分阶段

为达到学生就业心理健康教育模式所要求的目标，就业心理健康教育就必须从学生入学的第一天开始直至毕业，贯穿整个教育全过程。同时，针对学生不同阶段对就业的不同需要，分年级进行不同主题的教育，如低年级以提高对专业的认可度为主题，中年级主要是职业习惯和价值观的形式，高年级则将重点放在面试与创业等方面。

（3）全体与个体

学生就业心理健康教育模式，是"教育"，而非"咨询"。因此，除针对个别学生在就业方面进行必要的心理咨询以外，主要面对全体学生，通过职业心理课程、职业心理讲座、团体辅导等集体活动的方式，解决他们在就业与择业方面共同的问题，帮助他们形成良好的职业心理素质。

总之，建构就业心理健康教育模式，既要进行独立的、专门的就业心理健康教育，又要渗透到专业课程或技能课程教育的过程中，做到全面渗透。在实施中，既要将就业心理健康教育贯穿于学生的整个学习阶段，也要针对不同年级学生的职业心理需求，开展有针对性的就业心理健康教育。在参与方面，既要注意到个别学生的个性需要，更要关注到全体学生的共同问题。

5.评价

评价对于学生就业心理健康教育模式的建构而言，起到了反馈调节和激励强化的作用。为达到这一评价目标，就业心理健康教育的评价必须是多层次、多方面的。

评价主体时必须根据实际需要，从学生、家长、企业、社会和学校等维度来评价学生就业心理健康教育；评价目标时，既要注重促进学生就业心理的积极适应，也要强调促进学生就业心理素质的主动发展；评价内容时，应该针对学生在就业中的普遍存在或可能出现的问题进行综合评价，既要注意适应性的内容，也要强调发展性的内容；评价过程时，既要注重终结性评价，也要强调发展性评价、过程性评价；评价效果时，则要认识到效果的暂时性和延时性。

### （三）学生就业心理健康教育模式建构的原则

开展学生就业心理健康教育模式建构的研究，其目的在于帮助学生实现个人职业生涯的最优化发展，需要遵循以下原则。

1. 与专业相结合

在建构就业心理健康教育模式中，必须从学生的专业入手，要体现专业性。不同专业、不同职业对于从业者的职业心理要求是不同的。因此，学生就业心理健康教育模式建构中，各校无论是职业心理课程教育还是各项职业心理活动，都必须紧密贴近专业、贴近学生的未来职业，从而更好地帮助学生提升对职业的认识，形成正确的职业观。

2. 全面参与

高等学校与普通中学的培养目标不同，不是升学，而是造就学生成为未来社会发展的主体，使他们成为会学习、工作，能够自立于社会的人，成为自觉探求新知，不断完善自我，主动适应社会发展和职业变革的人。而学生就业心理健康教育模式的目标与此也是一致的。因此，开展学生就业心理健康教育，不仅仅是个别心理教师的事，而是要全校，从校长到普通教师，从心理教师到基础课、专业课教师，从班主任到任课教师，从学生管理部门到后勤保障部门，从心理活动到全校各项活动，都必须积极参与。全面参与、渗透，使学生在良好的校园氛围中养成良好的职业习惯，树立正确的职业价值观，最终形成较好的职业心理素质。

### 3. 以学生为主体

从未面对就业、择业的学生在教育中出现这样或那样的关于就业的心理问题是必然的，也是正常的。解决这些心理问题，就要以学生为主体，充分启发和调动他们的积极性。实践经验也证明，学生主动参与是心理健康教育成功实施的前提。因此，学生就业心理健康教育就必须以学生为主体，通过对学生的调研，开设符合他们需要的就业心理课程，开展他们感兴趣的就业心理健康教育活动。

### 4. 开放

"教育社会化、社会教育化"是现代教育的一大特点，体现了教育与社会生活紧密联系度。同时，造成学生就业心理困惑的原因不仅仅来源于其自身，也与学校、家庭及社会有着密切联系。因此，学生就业心理健康教育模式的建构，也不仅仅依靠学校本身，而是必须建立"学校—家庭—企业"三方合作的开放性结构。通过学校内部教育、教学、管理活动的全过程及通过指导家庭教育，充分利用企业资源，对学生的就业与择业心理施加积极的、正面的影响。同时大胆吸收和借鉴家庭教育、企业管理和企业员工职业生涯管理等经验，进一步完善学生就业心理健康教育模式的建构。

### 5. 创新

创新是这个时代的标志。社会的发展与进步，离不开创新。而教育作为培养未来劳动者、建设者的中坚力量，也必须有所创新。因此，建构学生就业心理健康教育模式，也需要创新。这要求就业心理健康教育模式中的指导思想、内容、方式等都有所创新，要将国外的心理学理论与我国的国情、本专业的职业要求、本行业的就业情况、本校的校情结合起来，建构有本校、本专业特色的学生就业心理健康教育模式。

## 三、学生就业心理健康教育模式的实施策略

通过就业心理健康教育，帮助学生树立正确的就业理念、培育良好的就业心态、增强自信心，缓解忧虑、抑郁、患得患失这些问题，实现自己的职

业生涯设计。进行就业心理健康教育，学校可以从以下几个方面入手。

## （一）实施全程化职业生涯规划辅导

学校学生就业心理问题的解决首先是主体的自主解决，譬如正确的评价或者看待自己的个性，排除自身心理困扰，并在就业时积极进取，勇于自我改造。可以将心理学知识和职业生涯规划的相关知识融会贯通，帮助学生正确认识自我、评估环境，清醒认识自身的特点、优势和特长，确定明确的就业目标和合理的职业规划。

职业生涯规划的指导应该是有层次的。对于刚入学的大学一年级新生而言，职业生涯规划是宏观和遥远的。此时，学生刚完成由中学生到大学生的角色转换，第一次接触"专业"这个名词，虽然也在报考之前向学校作了咨询，或许还有父母亲友的介绍，但总体而言学生对于角色的转变是懵懂而被动的。再加上高考失败的阴影会使其产生角色转变的抗拒心理，因此对大学一年级新生而言，职业生涯规划指导的重点应是引导学生正确认识和分析自我性格能力及环境的利弊，帮助他们正确认识自我，重塑自信心。

对于大学二年级学生而言，他们已经基本适应和熟悉了新的学习生活，开始进入专业的学习，基本完成角色的转变，但是他们对于职业的认识还是比较模糊的。因此，该阶段职业生涯规划指导的重点应是通过专业教育引导学生正确认识专业和职业的重要意义，进行自我基本能力的培养，以形成合理的知识结构。

对于大学三年级学生而言，从生理上而言已基本进入成人阶段，从学习上而言，学生已进入专业学习的成熟阶段，掌握了一定专业知识和技能，并开始工学交替（5年制）或专业实习（3年制）。这一阶段的职业生涯规划指导可重点帮助学生了解面试中可能出现的各种心理问题与解决技巧，从而让他们对求职过程中可能遇到的种种困难，形成初步的心理准备。同时，就业前也可进行心理潜能训练和适应性教育，把心理辅导融入学生的专业实习中，以便毕业生能较好地适应工作环境。

在这一过程中，让学生认识到"你想干什么，你能干什么，怎么干"，通过层层深入，让学生认识到社会并不是不公平的，从而纠正学生的人生观。不仅如此，还应注重学生的心理承受能力提升，可以通过一些实际案例引导学生从基层做起的意识，增强学生的吃苦耐劳精神和对抗挫折的能力，使学生掌握在应对就业压力时的方式方法，全面提高学生的就业能力，提升心理健康水平。

### （二）开展校家衔接的就业心理辅导

学校应面向全体学生进行就业心理辅导。比如，开设就业指导课程，课程化是实施就业心理健康教育的主要途径。按照人才培养方案开设就业心理健康教育活动课，一年级每班开设职业生涯规划与就业创业课程，课堂上通过组织生动有趣、丰富多样的演讲比赛、模拟岗位、角色扮演、游戏拓展、团体讨论等活动方式，使学生对职业道德教育、职业生涯规划产生浓厚的兴趣。二年级开设团体心理辅导选修课程，通过带领学生进行自信心训练、语言表达训练、人际沟通训练、情绪控制训练、团队精神训练、潜能拓展训练等活动，使学生得到了切实的锻炼，岗位适应能力得到了提高，同时也增强了职业能力和专业自豪感。三年级以就业与择业心理健康教育主题班会为主，四年级开设就业与创业培训课程，把专业教育、就业政策、就业形势、就业、信息、应聘方式、创业过程等教学内容贯穿其中，提升学生的就业、创业能力。

兼职心理教师积极开展第二课堂，包括社团活动、心理讲座、心理游戏、读书分享等。例如，组织学生心理社团开展"职业竞争与合作"的团体辅导活动；在"周末大讲堂"安排"沟通从'心'开始"的讲座，邀请企业相关人士开展就业专场介绍；以"谁动了我的奶酪？"读书分享作为就业与择业心理健康教育的切入点。或者开展职业道德的探讨，让学生认识到，工作并不是为了贪图金钱和权力，从而正确看待工作，在工作中寻找快乐，从而纠正学生那种权力至上，金钱至上的价值观。

有些学生在就业过程中也会遇到一些诸如继续升学与就业的矛盾、机电类专业女生就业困扰等问题，学校也应安排辅导老师开展个别辅导，帮助学生解决心理困惑，寻找解决问题的方法、途径。

开展同伴辅导，各班挑选组成的"阳光使者"发挥着关键的作用，而心理社团学生的自主管理能力直接影响着同伴辅导的效果。心理社团不仅有自己的组织徽章和宗旨，还有自己的章程。注重加强心理社团成员的培训工作。每次培训，会设计一定主题，如"哪些同学需要心理辅导""如何控制我们的情绪"等，还有一些是根据学生实际设计的主题，如"学生交友面面观""我的人生我做主"等。组织社团成员观看心理电影并进行电影观后感分享。同时，由于有章程的约束，学生中的同伴辅导员主动对同学进行心理辅导的意识加强了，发现同学不良苗头的能力提高了，向心理辅导教师或班主任反映问题的积极性增强了，许多同学成了观测学生情绪的"小哨兵"，从而促进学校形成了覆盖面宽广的心理健康教育网络。

上述校内就业心理辅导工作，对学校毕业生形成良好的就业心态起到了相当的作用。同时，在开展教育过程中也发现部分学生依赖性强，在选择专业、就业做决策时，父母的价值观、人生观，对学生的择业观影响很大，因此，学校也需加强与学生家长的沟通，建立"学校—家庭"一体化合作机制，使其作为学校心理辅导一个不可分割的组成部分。

可以推选热心学校教育，关心子女成长，有一定的组织活动能力的家长成立家委会，搭建学校与家庭、社会沟通交流的平台和桥梁。通过组织实施家长学校教育培训活动，更新家长观念，加强对学校教育教学管理等工作的监督、参谋和指导；而且可以整合、拓展社会资源，为学校建设和发展提供强有力的保障。

还可以召开新生家长会，召开各专业毕业班学生家长会，充分利用家长会，围绕学校办学思想、教育理念、职业道德教育、就业指导、专业情况、日常教育教学管理目标与要求等方面，进行"以就业为导向"的教育活动。特别是在毕业生就业期间，学校应主动与家长保持联系，及时传达、宣传毕业生就业工作中的有关政策、法规、形势等，要求家长结合学校的就业资料，开展学生毕业就业的心理疏导工作。这样，学校就业心理健康教育与家庭就业观保持同步，家校发挥各自的长处，从而形成教育的合力，共同引导学生就业择业。

（三）全面提升学生的职业心理素养

职业化素养是一种个人行为规范及行为本身，既包括外在形象、知识结构和各种技能，也包括职业道德、职业意识和职业态度等。学校可以通过各种活动培养学生积极上进的职业心态，和谐的人际关系，良好的人际沟通技巧，优秀的团队的精神等。

通过开展"十佳学生"年度评选表彰活动，让德有所养、学有所得、技有所长的学生脱颖而出，在学生中树立文明典型，充分发挥榜样的力量，发挥身边优秀学生的导向作用。用先进事迹感动学生，用身边的榜样打动学生，引导广大青年从平凡的小事做起，学会关爱他人、关爱社会，形成正确的积极的职业心态。

通过借鉴企业管理实施教室"7S"管理活动。即"清洁、清理、清扫、整顿、素养、节约、安全"的宣传和规范，使学生充分体会"规则无小事"，形成良好的职业习惯，提高学生自我生存、自我调控的能力。

实行劳动礼仪值周活动。以班级为单位，有组织有计划地承担值周工作。学生在值周期间要承担的工作有文明示范、劳动保洁两项。通过活动培养学生自立、自律、自强的精神，树立劳动观念，强化服务意识，养成艰苦朴素的作风，促进学生心理健康成长，让学生遵礼、达礼、用礼，增强学生适应社会和自我心理调适的能力，以一颗平常心面对自己、面对集体、面对社会。

引导学生积极参加各类社团活动，如英语沙龙社、礼仪社、电子制作社、文学社、动漫社、音乐舞蹈社、学生心理社团、记者站等。学生社团活动的开展可以让成员获得更多的成功体验。学校学生普遍存在一种自卑心理，自我评价偏低，缺乏自信心。在与他人的交流分享中，让社团成员产生强烈的归属感和认同感，了解并体验到自己是被其他人接纳和支持的，在真实的体验中改变对自我的消极评价和认知偏差。社团活动可以拓宽学生的视野，让他们获得新的经验，培养积极、稳定的心态和健全的人格。这样有助于帮助学生科学地确立人生目标，即使遇到心理危机的时候，也能够充满自信地、理智地对待，保持心理的平衡。

学校有很多住宿生，通过成立学生宿舍管理委员会，探索自我服务、自我管理、自我教育的学生自治管理模式。晚自修的点名、学校校门的夜间管理、学校校园的夜间巡逻、宿舍各项文化体育活动的开展、住宿生节假日返家车票代购等工作都由宿舍管理委员会的同学开展完成。这些工作有利于培养学生"助人、主动、接纳、尊重、积极"五种良好心态，提高学生人际沟通能力，增强学生之间的相互交流。

目前，学校已经意识到建构有特色的就业心理健康教育模式，完善就业心理健康教育的理论建设对于建立现代教育体系有着重要的意义。学生就业心理健康教育模式的建构是从学校教育实践中总结、提炼、归纳的，是帮助学生正确对待就业与择业的方法论，为学生成功的求职就业、择业、创业奠定心理基础。人与职业的结合是一个自然人变成社会人的必经阶段，是人类自我解放、自我完善、持续发展的基础，是形成社会现实生产力的主要途径，应该也是教育追求的终极目标。因此，进一步完善学生就业与择业心理健康教育模式也是无止境的。

# 第四节　大学心理健康教育整合模式

学生心理健康教育是学校德育工作的重要组成部分，如何开展面对全体学生的心理健康教育，探索符合学生心理发展规律的整合教育模式，成为一个十分重要的研究课题。系统科学的整体性原理表明，教育模式是一个有机的整体，模式的性质、特点和功能都是由这个整体决定和体现的，因此必须科学建构心理健康教育整合模式，从而发挥心理健康教育的整体功能，保持心理健康教育系统的最大活力，最大限度地开发学生的心理潜能，全面提升学生的心理素质，从而实现心理健康教育过程和效果的最优化。

## 一、学生心理健康教育整合模式的概述

学生心理特征的发展性、教育活动的多样性，以及社会教育环境影响的

复杂性，决定了学校心理健康教育模式固有的复杂性和多样性。开展高等学校心理健康教育整合模式研究有助于建构完整的学校心理健康教育操作体系，有助于促进高等学校学生心理健康教育的发展，有助于推进高等学校全面实施素质教育，将对继续深化学校教育教学改革产生积极作用。

## （一）学生心理健康教育整合模式的基本内涵

### 1.学生心理健康教育整合模式的概念

心理健康教育中"整合"的词义通常是表示"整体、综合、渗透、重组、互补、凝聚"等意思，其意蕴主要体现在：整体协调，即将心理健康教育的各学科视野和具有独立功能的心理健康教育各要素组成有结构的整体，协调运转，产生最大化的功能；渗透融合，即从内容到形式密切联系，形成不可分割的心理健康教育整体；过渡衔接，即促使各阶段的心理健康教育形成有机的整体，合理衔接、连续过渡、减少断层；互补互促，即心理健康教育各要素互相补充、互相促进、共同发展；持续发展，即实现人的整体素质和谐发展，促进人的心理素质可持续发展。

心理健康教育的整合就是把心理健康教育作为一个系统，把系统内各学科视野、各种取向、各个要素，通过有机联系、渗透、互补、重组综合起来，形成科学合理的结构体系，实现整体优化、协调发展，发挥心理健康教育整体的最大功能。心理健康教育的整合既是过程，又是结果。作为过程，心理健康教育整合是指总体联系、渗透互补、过渡衔接、重组聚合等；作为结果和目标，心理健康教育整合是指整体协调、和谐发展。

基于实践中各学校心理健康教育模式多元分化的现实倾向，以及学校教育对象和教育环境的复杂性，通过整合学生心理健康教育各要素，形成科学合理的结构体系，实现整体优化、协调发展，以最大限度地发挥心理健康教育的整体功能，从而建构全方位、多渠道、立体化的学生心理健康教育模式。

### 2.学生心理健康教育整合模式的基本类型

整合模式是从心理健康教育的多层次、多侧面、全方位出发，建构适合学校心理健康教育基本要求的基本模式。我们既要把心理健康教育与学校教育、教学、管理工作等融合起来，也要将心理健康教育作为专门的教育工作或活动开展，还要努力营造物质形态和精神形态的心理健康教育氛围，从而真正形成整合形态的学校心理健康教育模式。从整合模式的理念来设计，学校心理健康教育整合模式至少可以有四种基本类型。

（1）学科渗透整合模式

学科渗透整合模式是整合和开发利用学校学科心理健康教育资源优势，将心理健康教育与学科教学有机融合，在学科教学中渗透心理健康教育。学科教学渗透心理健康教育既有理论依据，也有实践应用价值。学科教学与心理健康教育的渗透与融合，不仅为心理健康教育开拓了更为广阔的实践领域，也为学科教学提供了变革的空间，真正体现了"以人为本"的教育思想。

（2）课程教育整合模式

课程教育整合模式是指显性课程的心理健康教育与隐性（潜在）课程的心理健康教育相结合。显性课程（manifest curriculum）的心理健康教育根据学生人格和心理发展的特点，可整合学校各部门的师资力量，有针对性地开设心理健康教育系列课程，形成传授心理健康教育知识的主要渠道，同时应辅之以各种专题的心理健康教育讲座。隐性课程（implicit curriculum）是学校隐含于课堂内外的、可能为学生所习得的文化。心理健康教育隐性课程的建设包括开展发展性的团体辅导，将心理学技术融入第二课堂，以及专题实践活动等。

（3）结合教育整合模式

结合教育整合模式是指学校的心理健康教育构建"学生—家庭—学校—社会"的整合模式，即自我心理健康教育、家庭教育、学校教育与社会教育四方面的有机结合。本模式是以培养学生健全的心理素质为基本目标，有效发挥学生、学校、家庭、社区等基本教育要素的作用；着眼于"自我认知—晓理动情—行为导向—反思内化—形成品质"等学生心理素质形成的内部过程的基本环节；重点突出学会学习、学会生存、学会交往、学会做人、智能发展、个性发展、社会性发展和创造性发展等方面的基本内容。

（4）综合教育整合模式

综合教育整合模式是面向全体，以发展和教育为主，将心理健康教育与教育教学、班级管理及其他管理工作有机结合。学校可以将心理健康教育的对象分别定位于个别、部分和全体，教育内容由基础知识、专题再到重点、难点和热点问题。多样化教学方式与心理学技术相结合，各种教育途径由点到面、由浅入深、由表及里，建构起一个分层重点强化和全方位综合的心理健康教育整合模式。

### （二）学生心理健康教育整合模式建构的背景

学生心理健康教育整合模式是基于近年来国内外心理教育实践的创新探索而提出的，有着比较广泛而扎实的心理健康教育实践基础。郑和钧教授提出心理教育协同发展模式的建构，这一模式的目标建构着重围绕"六个学会"进行，即学会生活、学会学习、学会创造、学会关心、学会做人、学会自我教育，并将这一模式积极付诸实践。

国内有学者在综合分析各学科模式的利弊后，提出并实施生理—心理—社会—教育协调作用的整合模式。该模式以促进学生积极适应和主动发展为目标；根据教育对象已有心理素质水平和发展需要，以指导学生学会学习、生活、交往、做人，促进智能、个性、社会性和创造性发展为基本教育内容；运用专题训练、学科渗透、咨询辅导等基本方式，从自我认识—动情晓理—行为导向—反思内化—形成品质等主体心理素质形成过程的五个基本环节，创设适宜的教育干预情境，设计有效的教育策略，最终达到培养健全心理素质，保持心理健康发展的根本目的。

上海的一些学校已经形成有特色的心理辅导模式，可以用六句话来概括：以了解每个学生为前提；以创设良好氛围为基础；以班级为管理单位；以小组为基本活动形式；以帮助、互助、自助为基本原则；以每个学生参与并得到发展为基本目标。浙江省的教师祝新华、陈群等通过在中学开展心理教育的实验，提出了心理教育"四结合"的教育模式。

林建华等在总结课题的基础上，认为要建立全方位的心理教育模式，即以学校校长为龙头，以班主任为基本队伍，以心理辅导教师为中坚力量，采用"问题导入—师生互动—感悟反思"的教法模式。

以上这些心理健康教育模式正是对教育实践中心理教育整合模式的归纳，反映了心理教育实践对整合论心理教育思想的呼唤，为进一步探索和建构学校心理健康教育整合模式奠定了实践基础。

### （三）学生心理健康教育整合模式建构的意义

心理健康教育整合模式理论的分析和实践的探索都已表明，单一学科视野的心理健康教育不可能取得令人满意的效果，借鉴其他学科的长处去弥补某一学科视野的不足已成为当下心理健康教育的现实走向。同时，从人的心理发展的整体性和教育的整体目标来看，心理健康教育需要站在更高的层面上来确定其目标体系，以最大限度地发挥心理健康教育的整体功能。因此，整合态心理健康教育模式的出现成为一种必然。

首先，从字面意思来看，心理健康教育整合模式就是心理健康教育模式的整合。但这种整合不是实现心理健康教育模式的大一统，不是各学科视野下的心理健康教育模式的机械拼凑、平均用力，而是强调整体协调、重心突出、特色分明，最终实现整体大于部分之和的效果。其次，整合强调了心理健康教育模式的存在状态——动态性，这就意味着心理健康教育模式不能画地为牢、故步自封，而应随着时代的变迁、理念的更新、技术的进步不断发展变化。最后，构建心理健康教育整合模式要以科学的系统论为依据，不仅要实现课程的整合、内容的整合、学段的整合、资源的整合，更要实现理念的整合、目标的整合、学法的整合和视野的整合。总之，要构建起全方位、立体型的心理健康教育模式，就要把心理健康教育作为专门的教育活动来开展，同时也要与学校教育、教学、管理等工作融合起来，还要努力营造物质形态和精神形态的心理健康教育氛围，从而真正实现学生心理健康教育模式的整合。

学校心理健康教育整合模式体现了全方位、多渠道、立体型的心理健康教育方略，也是适合现代学校教育特点、适合我国基本国情、易于操作和推进的心理健康教育模式，其目的是最大限度地发挥理念、目标、课程、内容、学法、学段、资源及视野等要素的积极作用，整体优化心理健康教育的过程与特色，全面实现既定的心理健康教育目标，提高学校心理育人的水平和质量，它必将在我国学校心理健康教育的理论建设与实践探索方面产生积极的影响。

## 二、学生心理健康教育整合模式的科学建构

心理健康教育模式是心理健康教育理论与实践相结合的产物，是心理健康教育理论应用于心理健康教育实践的中介环节和桥梁。

### （一）建构学生心理健康教育整合模式的理论基础

1. 学科间的逻辑整合是心理健康教育实现整合的科学论依据

科学综合是国际化、信息化时代科学发展的重要特点之一。学科从原先的分化趋向新的整合是当代科学发展的一种必然趋势，也是现代心理健康教育发展的一种现实的和必然的选择。卡尔·马克思（Karl Marx）指出："正像关于人的科学将包括自然科学一样，自然科学往后也将包括关于人的科学：这将是一门科学。"马克斯·普朗克（Max Planck）曾经说过："科学是内在的统一体，它被分解为单独的部门不是由于事物的本质，而是由于人类认识能力的局限性，实际上存在着从物理学到化学，通过生物学、人类学到社会科学的连续链条。"莫尔顿·怀特（Morton White）也说："当我们一旦弄清楚学科之间没有明确的分界线，而且没有一门学科可以称得起在认识分类表中占有一个唯我独尊的位置时，当我们弄清楚了人类各种经验的形式也和认识同样重要时，只有到那个时候才算打通最广义的、关于人的哲学研究的道路。"这足以说明现代科学发展的历史趋势就是从分化甚至对立的状况走向真正的融合，这为整合论心理教育的"问世"创造了可资借鉴的宏观视角和浓厚的学术氛围。

2. 整体教育论的主张是心理健康教育实现整合的教育学依据

整体教育理念是 20 世纪 80 年代末兴起的新人文主义教育思潮的典型代表，已经成为全球教育改革和发展的新趋向。多年来，整体教育论者从不同

于旧教育的崭新视点出发，开始了一系列的理论研究与实践探索，迈开了新型教育的第一步。它强调"以人为本"，强调"人文""科学"与"创造"的和谐统一，认为未来的教育必须是整体教育，现代教育必须向整体教育转型，必须重视教育过程的整体性。这种整体教育的范式是同当今世界广泛渗透的分割与细分化的教育范式针锋相对的，它从最广泛的意义上把握科学与人类的可能性，旨在修正偏重还原主义倾向的教育。

3. 心理的整合性发展是心理健康教育实现整合的人性论依据

讨论心理教育的整合发展，可以从格式塔心理学和人本主义心理学理论中获取一些有益的启示。格式塔心理学最明显的特征就是它的整体心理观，也就是它的整体内涵。对于人类的心理结构而言，整体绝不等于部分之和；对于人类的心理发展而言，只有整体的心理而没有部分的心理。整体的许多特性实际上都是突现的新事物，这些整体的新特性不依赖于单一的部分，而是在各部分构成整体时新生或突现出来。格式塔心理学一再强调，整体不等于部分的相加，整体具有整体的新的意义。人本主义心理学家普遍赞同这样一个原则：必须努力研究和理解整体的人。在研究方法上，人本主义采取开放、兼容和整合的态度，主张以统合的范式建立人的科学，说明人的本质特性，研究人的需要、潜能、价值、尊严、创造力和自我实现等。人本主义心理学反对两极对立的思维模式，反对研究中的元素主义，强调整体分析的方法论的意义，认为真正科学的理论绝不是极端的、片面的，而应该是一种整合的科学。

4. 系统科学的基本思想是心理健康教育实现整合的方法论依据

系统科学的产生和发展对人类的思维方式产生了极大的影响。系统科学的思想原则和方法主要体现在整体性、有序性、动态性、开放性和最优化等几个方面。系统具有一定的结构，相联系的结构不同，所构成的系统的整体性质、特点和功能也就不一样。系统论的核心思想即"整体大于部分之和"。系统科学的研究方法始终立足于从要素、结构、功能与所处环境的相互联系和制约的关系中，分析系统中各要素的结构与功能，有意识、有目的地使系统内各要素达到最佳建构和配置，以求使系统形成结构最优和功能最优的整体优化效应。从系统科学的观点来看，心理健康教育是社会大系统和教育大系统的一个子系统，具有整体性、协同性，以及适应性、目的性的特点。因此，系统科学理论中的系统整体性原理、动态平衡原理和等级结构原理，在心理健康教育系统中也同样适用。

### （二）建构学生心理健康教育整合模式的现状分析

随着心理健康教育越来越受重视，各学校都采用多种途径和多样化的方法开展心理健康教育，如开设心理健康教育课程、保证课时，以及将其纳入学校正规教学计划中；组织心理健康教育活动，如组织创新比赛、科技活动、社会实践等，让学生参与心理健康教育活动，通过亲身体验来提高心理素质；利用班主任工作、班级或团队活动和校园文化活动，有意识地开展一些有利于培养学生心理素质的活动；开展心理辅导与咨询，对学生的共性问题进行团体辅导和教育干预，对个别问题进行个别辅导和咨询；通过互联网进行超时空的对话与交流，建立网上心理咨询站、辅导站，及时解决学生在学习和生活中所遇到的各种问题和困惑。有些学校也正在尝试整合这些途径和方法，以形成富有本校特色的心理健康教育模式。现阶段，学校探索实践的心理健康教育模式主要有六种：一是从课程实施的视野进行探究的心理健康教育课程模式；二是以组织心理活动体验为中心，旨在训练学生心理机能的心理健康教育活动模式；三是在常规的教育教学活动中注重帮助学生提高各种认知技能、完善情意品质和人格特质的心理健康教育渗透模式；四是针对学生身心发展成熟的需要，以性生理与性心理健康教育为重点的青春期心理健康教育模式；五是以预防学生心理障碍与疾病、调控心理发展问题为基本目标的心理健康教育矫正模式；六是通过建立或健全专门的心理工作机构来开展心理健康教育的管理模式。

建构学生心理健康教育整合模式必须紧紧依靠科研，必须在科学的心理健康教育理论指导下才能避免走弯路。学校必须下大力气做大量深入细致的专题研究工作，在心理测量和心理辅导的科学基础上，对学生的学业焦虑、人际交往障碍、情绪障碍、人格发展障碍、恋爱误区及择业就业等方面的问题进行系统研究，制定出更适合高等学校校情和学生身心发展特点的心理健康教育整合模式实施方案，从而取得心理健康教育整合模式建构的更高起点和更大成效。同时，学校每位教师要树立关心学生心理健康问题的自觉意识，使心理健康教育渗透到学校教育的各个方面、各个环节。

学生心理特征的发展性、教育活动的多样性，以及社会教育环境影响的复杂性，决定了学校心理健康教育模式固有的复杂性和多样性。由单一化向多样化发展是现代教育模式发展的一个明显趋势。学校心理健康教育模式不可能是单一的，必然是多样的。实际上，心理健康教育是一门科学，也是一门艺术，在实践中不可能只采用某一种模式。学校心理健康教育模式的未来，必然是"建构模式，超越模式，善于变换，整合互补"。无论是哪一种心理健康教育模式，在一定条件下都有合理性、科学性和实用性，不能简单地加以否定。心理健康教育的对象不同、目标不同、内容不同，心理健康教育过程的组织形式就应当有所不同，即学校心理健康教育模式应当有所变化、灵活运用。同时，应当看到每种心理健康教育模式都各有所长、各有所短，把各种模式整合起来，相互补充，相互协调，这对实现学校心理健康教育的理想目标是必不可少的。这也决定了学校心理健康教育模式不可能是单一的、固定的，必须走向理性的多元整合。

## （三）学生心理健康教育整合模式的理论建构

从目前高等学校心理健康教育的实际情况看，很多学校已经开始意识到心理健康教育整合模式的重要，但由于缺乏系统深刻的理论支撑和方法论指导，对于如何科学建构心理健康教育整合模式，规范运用心理健康教育整合模式，都还缺乏深入的思考与研究。因此，有必要从模式的五要素（理念、目标、条件、程序、评价），对建构学生心理健康教育整合模式加以探讨。

1. 建构学生心理健康教育整合模式的理念

心理健康教育的整合模式已经在一些学校教育实践中生根、开花，还有一些学校虽然没有明确提出"整合"的心理健康教育思想，但富有成效的心理健康教育实践往往与整合模式的理念不谋而合。若撇开观点表述和主张上存在着的一些差异，可以抽取其中共同的理念：通过教育系统各要素的相互联系、渗透、互补、重组、综合、协调等过程，形成合理的心理健康教育结构体系，实现心理健康教育的整体优化，促进学生心理素质全面和谐发展。学生心理健康教育整合模式，应从整体上对什么是学生心理健康教育，也即学生心理健康教育的本质、功能、属性等形成科学合理的认识，对模式的组成要素审视、选择、整合，以形成完整的体系。心理健康教育不是诊疗般矫正、干预和预防，学校心理健康教育工作者要树立以人为本的教育价值观、与人为善的教育人性观、助人自助的教育过程观和育人至上的教育目标观，立足于促进学生的心理和谐和人格健全，注重心理建设、心理成长和心理资本发展，引导学生有特长、个性化地发展。

2. 建构学生心理健康教育整合模式的目标

建构学生心理健康教育整合模式要实现的目标具有以下三个方面：一是发展性目标。面向全体学生开展心理健康工作，提高全体学生的心理素质，使其具有正确处理好学习、生活、择业、人际关系等方面的心理矛盾和问题的能力。二是预防性目标。面对的是部分在学习上、心理及生活适应上有可能发生问题或问题刚出现苗头的学生，有计划、有步骤地进行系统的心理健康教育，使其能掌握有关心理健康知识，培养自我心理调节能力，减少或避免心理疾患的产生。三是治疗性目标。及时矫正学生的心理疾患，排除其心理障碍，帮助他们做心理康复。

3. 建构学生心理健康教育整合模式的程序

学生心理健康教育走向多元整合是一个动态的发展过程。参考国内学者的相关观点，我们可以把心理健康教育的整合过程分为包容、定位和融合三个基本的阶段。

包容是心理健康教育实现整合的最为基本的要求。它所展现的是心理健康教育的宽阔胸襟，要求的是心理健康教育能够容纳人之为人的一切本性，接受与人的本性相适应的一切研究方法和教育实践，存留各种学科取向、学派、理论中蕴含的那些或多或少地展示了人的真实本性，有助于人的心理发展的片段真理。

定位是实现心理健康教育整合的第二步，它并非要求将各种学科取向的视野固定化、机械化，而是要求我们立足于人的本性，实事求是地评估多种学科、视野、方法、理论的合理之处，界定它们有效发挥作用的边界与条件，使它们在心理健康教育整体中获得各自合理存在的空间。

融合是心理健康教育整合的最后一步，也是心理健康教育走向整合的目标所在。它的任务就在于，以新的研究视野去填补现有各种学科取向、方法、理论和模式之间的缝隙甚至裂痕，找寻并架构它们之间的关联，从整体上构建出人这一"否定性的统一体"的完整形象。当然，融合并不意味着心理教育整合的最后终结。心理健康教育的整合是一个多次循环往复、螺旋式上升的发展过程。

从根本上说，心理健康教育的整合视野要求的是心理健康教育研究立足于对人的整合本性的完整把握，据此界定心理健康教育的研究范围，确立心理健康教育的方法，构建心理健康教育的理论，批判地吸收心理健康教育的历史遗产，以期构建出人的完整形象，促进心理健康教育的整合。从包容中见胸襟，从定位中显边界，从融合中出整体，是心理健康教育整合视野的具体内容，也是它实际运用于心理健康教育研究的基本步骤。

因此，要从大教育的视域建构起全方位、立体型的心理健康教育模式，既要把心理健康教育与学校教育、教学、管理工作等融合起来，也要将心理健康教育作为专门的教育工作或活动开展，还要努力营造物质形态和精神形态的心理健康教育氛围，从而真正形成整合形态的学校心理健康教育模式。

## （四）建构学生心理健康教育整合模式的原则

心理健康教育的多元整合，绝不仅仅是从一个方面入手就能解决的，它既是一个系统工程，是发展中的多元整合，也是一种动态性、历史性的整合，需要宏观地把握，深入地思考，多维地努力。建构学生心理健康教育整合模式，应遵循以下四个原则。

1. 以科学的哲学思想为指导

真正的哲学是时代精神的精华和升华。心理健康教育自始至终与哲学有着密切的联系，哲学思想为心理健康教育提供方法论基础，并决定着心理健康教育的本体。因此，心理健康教育的多元整合与发展，要以马克思主义哲学为基础，以辩证唯物主义和历史唯物主义为指导，合理吸收和借鉴现代西方哲学流派和思想的精华。

2. 以现代人性观为依据

只有树立正确的人性观，才能形成科学的心理健康教育观，才能完整地把握人的心理世界和促进人的心理发展。以往心理健康教育不同学科取向的研究，只是抓住人性的某方面展开理论和实践的研究，人在这样的心理健康教育中只是"单面人""机器人""抽象人"或"自然人"的存在。因此，需要建构一种积极定向的全面的人性观，实现对现代人性认识视野的根本转换和整体把握。

3. 以促进多学科间的对话交流为载体

按照释义学的观念，"对话的理解"是解决矛盾的关键。经常开展多学科间的接触和对话，引导各学科取向的心理健康教育形成合理的"自我意识"，学会倾听"他者的声音"，促进彼此间的换位思考和相互理解，推动心理健康教育不同取向的"视界的融合"。可以相信，这对于形成心理健康教育的共同基础，实现心理健康教育的多元化整合是大有帮助的。

4. 以构建完整的心理健康教育体系为目标

目前，不同学科取向和视野的心理健康教育在体系上都存在着或大或小的问题与缺陷，它们都只是抓住心理健康教育领域中的某一部分或某一方面大做文章，并视之为心理健康教育的全部内容和领域。虽然这对心理健康教育的发展有所贡献，但毕竟不是心理健康教育的全部，也不可能实现心理健康教育的整合。因此，在建构心理健康教育的体系时，要有整体的观点和全局的观点，用大心理健康教育的思路来统整各学科视野的心理健康教育。

# 三、学生心理健康教育整合模式的实施策略

建构心理健康教育整合模式已经成为学校心理健康教育的现实走向。建构心理健康教育整合模式要以科学的系统论为依据，不仅仅要实现课程的整合、内容的整合、学段的整合、资源的整合，更要实现理念的整合、目标的整合、学法的整合，以及视野的整合。

## （一）学生心理健康教育理念的整合

心理健康教育理念是学校心理健康教育的核心因素，也是其出发点和归宿，它客观上决定了学校心理素质教育的目标、原则、内容、途径、操作与评价。目前，不同的研究者提出了不同的心理健康教育模式，理念各不相同，无论是"三全"心理健康教育观（面向全体学生，全员参与，全过程和全方位进行），还是人本化心理健康教育观、生活化心理健康教育观、自主化心理健康教育观，以及本土化心理健康教育观，它们都有各自的特色。强调心理健康教育理念的整合，但绝不是各种心理健康教育理念的机械拼凑、平均用力，而是强调各种心理健康教育理念的有机结合与和谐发展，追求整体协调，贵在彰显重心，重在体现特色。从整合的视野建构学校心理健康教育模式，与其说这是一种教育模式，不如说是一种常规性的内在教育要求，是学校心理健康教育的一种指导思想或先进理念，是心理健康教育理论建构和实践探索应有的一种学术视野和现代教育信念。

## （二）学生心理健康教育目标的整合

心理健康教育目标的整合模式是指在学校心理素质教育中学生在心理素质上应得到怎样的发展的理念体系范型。强调心理健康教育目标的整合，原因在于：一方面，从大学生的心理发展现状来看，大学生中存在程度不同、类型各异的心理障碍，常见的有厌学、逃学、角色紧张和冲突、自我中心、挫折耐受力差、过度依赖、过度焦虑、情绪脆弱、攻击性行为、人际交往障碍、孤独与冷漠等。另一方面，心理健康教育在实践中有若干误区，如医学模式化、过于简单化、学科化等，忽视了学生心理素质在其心理健康中的基础作

用，曲解了心理健康教育的任务要求。因此，从人格现代化和个性社会化的要求出发，要求促进学生心理的全面和谐发展，不仅要帮助学生学会生活、学会学习、学会创造、学会关心、学会做人、学会自我教育，还要使他们面对学习情境、任务要求、目标内容的变化，生活历程、内容、环境的变化，交往环境、交往对象、交往规范的变化，身体生长发育的变化，能表现出与这些变化相适应的心理和行为，更要促进他们完善人格，积极开发自我潜能，从而形成积极的心理品质，这是心理健康教育目标整合的重要标志。

（三）学生心理健康教育课程的整合

心理健康教育课程的整合包含两个维度。一是心理健康教育课程的整合探讨具体学科中的学习与教学的心理学规律。心理与教育的整合使得教育心理学拥有了持久、深入发展的资源与动力，并直接导致了学科教学心理学的形成与发展。学科教学心理学是探讨具体学科中的学习与教学的心理学规律，如探讨阅读、写作、数学与科学问题解决等过程中所蕴含的基本学习规律，以及相应的教学规律。与以往脱离具体学科并泛泛描述学习规律的教育心理学研究相比，心理健康课程的整合体现了教育心理学研究的情境取向、整合取向，能够更为确切地反映人们在具体学科领域中的学习规律。二是心理健康教育课程的整合把心理辅导的内容和方法渗透到各科教学中，探索不同类型课程之间心理健康教育的相互协调、积极融合。学科渗透是指在学校的学科教学中注重引入心理学知识、方法与技术，在帮助学生形成知识技能的同时形成良好的认知技能、意志与人格品质等心理素质。学科渗透因为具有跨学科、跨专业的特点，对学科教师的要求较高，要求教师具有心理健康意识，所以，要实现这一目标，要求心理素质教育工作者与学校的学科教师共同合作，在教学要素、教学设计与教学过程中将学科教学活动与心理素质训练整合于教学过程之中，让学生在自然的教学活动中了解心理学规律，缓解自身的心理压力，提高学习效率，形成良好的心理素质。在实践操作中，充分重视学校文化基础课程、心理健康教育专门课程、专业理论与实践课程和潜在隐性课程这四类课程的整合，探索不同类型课程之间心理健康教育的相互协调、积极融合。

### （四）学生心理健康教育内容的整合

心理健康教育内容的整合，应以心理健康教育的理念为指导，以心理健康教育的目标为主线。具体而言，心理健康教育的内容由以下八个部分组成。①适应学习，如学习环境的熟悉、学习任务要求的了解、学习时间的合理安排等。②适应人际交往，学会处理与各种交往对象的关系，如师生关系、亲子关系、同学关系等。③适应生活，如生活环境的熟悉、生活内容的调整、生活方式的改变等。④学会做人，如处理个人与集体规范、他人要求、社会公德的关系，处理自己的各种社会角色之间的关系等。⑤发展个性，培养学生的自我认识和评价能力、自信心、自尊心、自控力、独立性、成就动机，能够接纳自我、发展自我、超越自我等。⑥发展能力，以思维能力的培养为核心，掌握基本的思维方法、思维策略，同时着力培养观察能力、记忆能力、想象能力等。⑦发展社会性，发展学生的责任感、义务感、荣誉感、友谊感、奉献感、竞争和合作意识等。⑧发展创造性，培养学生创造的动机、创造的兴趣、创造的愿望，认识自己创造的潜能，掌握创造的思维方法与策略，发展创造性想象，进而培养创造意识和创造能力。上述八个方面的内容体现总目的要求，形成一个有机的内容体系，促成内容之间的协调整合。

### （五）学生心理健康教育学法的整合

心理健康教育学法是多种多样的。从方法上看，有认知领悟式，如启发思考、专题讨论、小组讨论、认知矫正、辩论、评价法等；有活动体验式，如反思体验、移情体验、换位体验、情境感受等；还有行为类，如行为训练、角色扮演、行为示范等。各种方法在心理健康教育中都有一定教育效果，但将各种心理健康教育学法整合，充分发挥各种策略整合后的综合效益，是增强心理健康教育针对性和实效性的必要条件。在整合的框架内来探讨各种学法之间的相互作用、相互依存关系，这是揭示心智机能的形成与发展规律的必然要求，因为心智机能的形成、发展取决于多种心理成分的协同作用，取决于个体特性与外部因素之间的互动。

### （六）学生心理健康教育学段的整合

心理健康教育学段的整合，通过探索不同层次学段之间的连贯性，探索入学适应阶段、专业发展提高阶段，以及毕业离校阶段心理健康教育的有效沟通和科学衔接，以提高心理健康教育的实效，真正优化学校心理健康教育。心理健康教育学段的整合模式可以分为总学段模式和分学段模式。前者指的是研究者从连续的学段上进行建模，要求在整体上突出各学段模式的特点、重点。同时，由于学生心理素质发展亦具连续性特征，这也要求在各学段模式上体现连续性，体现在实际的教育中就是要求注重各学段模式的衔接与一致。但贯穿各学段的主线都应该体现积极适应与主动发展的要求，既要体现阶段特点，又要考虑与整体目标一致。

### （七）学生心理健康教育资源的整合

要实现家庭、学校、社会和自我这四大场域中心理健康教育资源的全面整合，探索和建构学校心理健康教育合力的形成机制。从学校系统的角度出发，心理健康教育资源的整合包括以下学校内部心理健康教育要素的整合和潜在要素的整合。

第一，整合学校内部心理健康教育要素。建立由心理教师、心理健康教育的对象（学生）、心理健康教育目标、心理健康教育内容、心理健康教育途径与方法等要素构成的心理健康教育系统。心理健康教育系统与学校各项教育并行，心理健康教育还渗透融合于各项教育中。学校主要领导亲自挂帅和参与心理健康教育工作，并通过学工处、教导处、团委、各系学工、心理健康教育课题组、心理咨询室等层级管理和合作协调，保证学校心理教育研究与实验工作的顺利进行，促进学校的科学化管理。

第二，整合学校潜在心理健康教育资源。营造具有正面导向意义的校园文化氛围，是培养中职学生积极健康心理的重要内容之一。在健康、积极、优美的校园文化生活中满足需求、增长知识、发展能力、陶冶情操，培养他们的积极心理品质。一方面，引导学生自发组建学生社团，内容从文化学习、专业技能培养，到礼仪训练、体育锻炼、创业实践等，涉及学生校园生活里的方方面面。学生通过这些活动飞扬他们的青春，展示他们的才华，促进个性发展，实现精神成长，使心理健康教育融入这些参与和成长之中。另一方面，开展丰富多彩的文化活动。举办的班级文化评比、大合唱比赛、"校园文明之星""校园十佳歌手"、法制教育主题书画评比、心理主题手抄报比赛、生命教育、感恩教育、朗诵比赛、书法比赛、技能比赛、文化艺术节、阳光体育运动等，富有个性、充满文化气息，使心理健康教育无形地贯穿于其中，起着"润物细无声"的作用，也使学生在实践中找到了自信，提高了能力。

### （八）学生心理健康教育视野的整合

建构学生心理健康教育整合模式，需要借鉴后现代主义的思维方式，对教育心理学传统的理论体系进行解构、建构和重构，以崭新的视角和思路重新审视教育心理学的研究成果。"心理科学不同分支学科之间、心理科学和认知、智能、生物等学科之间的相互交叉、渗透、融合的研究逐渐加强，已开始使得人们在思想方法和技术上更加需要并已有可能从整体上和复杂性上来统一地思考心理学问题。"

心理健康教育视野的整合，实现心理教育学科与其他相关学科的科际整合。具体来讲，即把心理学、教育学、社会学、医学等学科对心理健康教育的研究成果加以整合，形成全方位、多层次、立体化的学校心理健康教育结构体系。最大限度地拓展心理教育学科接受和选择相关学科的范围，既要主动吸收心理学、教育学、哲学、医学等紧密相关学科的知识资源，也要善于把社会学、历史学、文化学、人类学、管理学等外围多个学科的资源融入并转化为心理教育学科的内部资源，更新、建构自己的学科体系，努力拓展学科的生存空间。

学校心理健康教育模式系统的结构要素当然不止这些，还有心理健康教育队伍、心理健康教育评价、心理健康教育管理、心理健康教育研究、心理健康教育硬件设施等。学校心理健康教育模式系统的要素虽然复杂多样，但最主要、最活跃，也最有潜力的要素就是理念、目标、课程、内容、学法、学段、资源和视野等。

　　整合模式是建立在丰富多彩、各具特色的学校心理健康教育模式基础上的。强调学校心理健康教育模式的整合，是从大教育的视域建构起全方位、立体型的心理健康教育模式，既把心理健康教育与学校教育、教学、管理工作等融合起来，也将心理健康教育作为专门的教育工作或活动开展，还要努力营造物质形态和精神形态的心理健康教育氛围，从而真正形成整合形态的学校心理健康教育模式。从心理健康教育的发展趋向看，整合形态的学校心理健康教育是最有发展潜力、最具代表性的理想模式。可以说，学校心理健康教育整合模式体现了全方位、多渠道、立体型的心理健康教育方略，也是适合现代学校教育特点、适合我国基本国情、易于操作和推进的心理健康教育模式，它必将在我国学校心理健康教育的理论建设与实践探索方面产生积极的影响。

# 第五章

## 中小学心理健康教育模式的整合分析

# 第一节　中学心理健康教育的主要工作

## 一、了解中学生的心理发展特征

在各种心理学著作中，对于青少年的心理发展阶段及其特征都有全面和系统的理论阐述。这些理论对于心理健康教育而言都是重要的基础。然而，心理健康教育对于青少年心理发展特征的关注与一般心理学的讨论有所不同。这种不同表现为心理健康教育是从心理健康的角度关注中学生的心理发展阶段和心理特征，即更加关注青少年心理发展规律与心理健康的关系。也就是说，更加关注在什么阶段、哪些因素对于促进学生的心理健康最为重要；在什么阶段、哪些因素对于学生的心理健康最容易造成危害。因此，本章关于中学生心理发展特征的讨论，不同于心理学著作中的全面论述，只是比较概括的介绍，并且从心理健康教育的角度有所选择和侧重。

### （一）初中生的心理特征

初中生处于青春期，青春期是个体发展过程中第二个高峰，是童年与青年之间的过渡时期。由于发展变化迅速而集中，这一时期学生的心理状态表现为普遍的不稳定和频繁的冲突，这既是大量研究的共同结论，也是人们普遍注意到的事实。除此以外，对这一时期学生的心理发展还应当特别注意以下两个方面。

第一，尽管诸多研究证实了青春期心理发展的共同规律，但这一时期共同规律的表现却比童年和青年期更为复杂多样，有时是以矛盾甚至相反的形式显示出来。例如，自我意识非常自觉和强烈，但往往不准确；要求独立，却在事实上仍然保持着很大的依赖性；重视与同龄人的关系，然而对于友谊的理解表面化，以致容易屈服于消极的同龄人的压力；希望家长和教师将自己当作大人，可是每每不能或不愿承担"大人"的责任；热衷于独立思考，但由于缺少足够的经验和能力常常走向片面和极端；幻想未来，却容易陷入不切实际的空想；渴望与异性交往，表面上却表现为"冷若冰霜"；等等。

第二，共同规律在表现上具有鲜明的个体差异。在时间上，早与晚的差别相当大；在行为上则可能由于气质性格或在同龄人团体中地位的不同而采用完全不同的方式。例如，初中生普遍渴望广泛的人际交往，得到同龄人的接纳和友谊，但有的人可能直接在行为上表达出这样的需求，有的人则可能由于惧怕遭到拒绝而不敢表达，还有的人因为不善于表达而看起来似乎不愿与人交往。总之，青春期的复杂使得这一时期的心理健康教育难度较大，但也格外重要。

1. 思维的发展

初中生思维的广度和深度都比小学有了明显的提高。思维的对象大为扩展。在时间上可以超越个人的现实生活，考虑自己的理想和未来——当然往往是浪漫而不甚实际的。在空间上可以超越个人的生活范围，关心社会、国家和世界上的各种事件。思维的内容不仅是事物的表面，而且能够考虑到原因和结果，并且愿意提出解决问题的办法往往是简单而极端的。同时，思维开始具有比较自觉和强烈的批判性色彩，他们不再满足于从成人那里接受各种现成的结论，却可对任何人的思想和行为提出疑问，并且希望通过自己的思考得出答案。

2. 全情感的变化

处于青春期的初中生的情感，从内容到层次上都经历了丰富的过程。同时，与小学和高中阶段相比，又带有明显的不稳定性、冲动性，以致自己往往难以驾驭。他们会因为小小的成功而欣喜若狂，也会因微不足道的挫折而心灰意冷，并且经常在很短的时间内经历情感上的大起大落。

3. 自我意识的发展

处于青春期的初中生，自我意识的发展十分引人注意。具体表现为逐渐自觉、逐渐强化，而且开始从比较单纯地接受他人评价转向能够自觉地进行自我评价。这时的学生特别关心自己的形象，特别关心他人对于自己的看法，被人尊重的愿望比过去任何时候都更为强烈，遭受误解、经历失败时所体验到的挫折感也格外沉重。因此，他们经常会在极端的自卑和极度的自信之间摇摆不定。在这一时期，个体自我表现的欲望空前迫切，愿意在他人面前展示自己的才华、能力，吐露内心的想法、情感并且强烈期望得到理解和认同。从根本上说，这一时期的自我意识仍然是不稳定和不成熟的。

4. 独立倾向的发展

这是伴随自我意识的增强而发展起来的。在强烈的自我意识驱使下，这一时期的学生明确而深刻地体验到自己作为独立个体的存在，以及由成长发展所产生的前所未有的力量。学生开始主动地尝试由自己而不是按照家长或教师的要求认识和处理事务，越来越强烈地要求思想和行动的自主权，希望并且相信自己能够早日成熟、独立。

5. 同伴关系的强化

对于青春期的初中生而言，同龄人之间的伙伴关系在生活中占据特别重要的地位。实际上，由于独立倾向和尚未真正具备独立的能力两种状态在实际上是并存的，他们虽然热衷于摆脱家长和教师，却很难真正地独立，于是往往不自觉地依靠和凭借彼此之间的相互支持和肯定，完成逐渐脱离长辈的独立过程。在这种情况下，同伴关系对于初中生有极大的影响力。他们在思想行为、兴趣、爱好甚至衣着打扮上都热切地要求与自己的朋友、伙伴求同，而不再是向长辈讨教。为了维护符合同龄人之间往往不成文的标准，他们甚至不惜与家长、教师发生冲突。

6. 与成人关系的重塑

与同伴关系的空前强化同时发生的，是与成人关系的变化。初中生开始自觉或不自觉地要求重塑与家长和教师的关系，他们希望得到与成人之间对等的理解和尊重，而不仅仅是温情、保护和命令。"心理断乳期"正是反映了这种状况。人们经常提到的青春期学生的"逆反心理"，实际上也是由于同样的根源。应当承认，他们这种重塑与成人关系的愿望和要求是合理的，如果没有与成人关系的变化，儿童将永远不可能成长为青年。教师和家长应当帮助他们完成这个任务，从不同方面使得他们懂得"长大"的含义，懂得权利与责任、义务之间的关系。

7.对于人际交往的关注

由于自我意识、与同龄人和成人关系等方面认识和态度的变化,初中生在人际交往方面表现出极大的热情。他们愿意进行广泛的人际交往,渴望与他人沟通思想感情,渴望得到他人的接受和尊重,渴望在人际交往方面得到成功,热切地希望自己具有比较强的人际交往的能力。

## (二)高中生的心理特征

高中生处于青年初期阶段。在此期间,生理和心理发展都已相当成熟。我国宪法规定 18 岁男女青年具有选举权,因此高中时期是学生准备走向独立生活的时期。与初中阶段相比,高中生的发展进入了更加高级的阶段,向教育提出了新的需求,也为教育提供了新的条件和可能。满足学生的需求,合理地利用这些条件和可能,不仅有利于他们这一时期的心理健康,而且能够直接为他们成人后的心理健康打下良好的基础。

青年初期是身体发育即将完成的时期。高中生身体增长的速度开始减慢,性的发育基本成熟,身高、体重、胸围、肌肉和骨骼的钙化都已接近或达到成人的标准。体态与前一时期相比,更趋于均衡和谐,动作的配合灵活协调,身体的工作能力较前一时期有了明显的提高,神经系统特别是大脑皮层的结构和机能已经逐步发展成熟,神经系统的兴奋与抑制过程已基本达到平衡。

高中生的生长和发育虽然日趋成熟,但这个时期仍然是一个人发育的重要时期,特别是发育较晚的学生更需要特别的关怀和照顾。教育者应当注意的是,尽管这一时期身体的发育基本完成,但并未完全停止,仍然需要关心照顾。因此,学校要合理安排作息时间,开展文体活动,防止学习和工作负担过重,以保证学生身心健康成长。

1.认识能力进一步发展

在认识能力上,高中生的知觉更具目的性和系统性,更加仔细和深刻,能发现事物的细节、本质和因果关系。学生的注意力已具有主动性,能与明确的学习目的联系起来;记忆力发展到一个新的成熟阶段,机械记忆仍然起作用,但理解记忆的运用越来越强,能按照一定的学习目的支配记忆,能更多地用理解识记的方法记忆教材，找出内在联系，并自觉地安排复习，进行自我检查。在整体上，他们的抽象概括水平明显地从经验水平向理论水平转化，能够摆脱具体材料在理论上进行推导、论证，或用理论把事实或材料串联起来。思维具有更强的组织性，能比较完整地、按一定的系统讲述自己的思想或意见；能对事物进行分析，找出本质特点；思维还具批判性，喜欢怀疑和争论，探索事物的根本原因，不愿采取轻信盲从的态度。他们不但开始思考学习材料的正确性，也开始思考思想方法的正确性。但是，高中生在认识上往往容易犯片面性的错误。

高中阶段是人的智力逐渐定型的关键时期，良好的智力对于人终生的心理健康都具有积极的意义。学校教育应当通过各种途径满足他们智力发展的需求，为他们智力的发展提供指导。

在学习活动上，高中生表现出以下几个显著特点。第一，选择性强。高中生面临升学与就业的选择，迫使他们将自己的学习与升学、就业的需要联系起来，从而在学习上表现出明显的选择性。那些他们认为与自己升学和就业关系密切的学科和内容，他们往往能够认真对待。反之，一旦被他们认为对于自己的未来关系不大的学科和内容，就可能不重视甚至不大愿意学习。因此，高中生会经常表现出偏科的倾向。第二，独立性强。由于思维品质和能力的发展，高中生思维的独立性已经比较成熟，并且乐于通过独立思考去完成学习任务、澄清问题、形成自己的看法，尤其不愿意盲从他人。他们喜欢就自己的学习心得与别人讨论，敢于发表与众不同的意见，经常为一个观点或答案争论不休。第三，自觉性强。高中生的学习目的和学习动机已经相当明确。因此，他们通常能够坚持长时间的学习，能够比较主动地完成繁重、困难的学习任务。高中生也能够比较理智地抵制各种诱惑和排除外界干扰，处理好学习与娱乐的关系，将学习摆在首要位置上，而不是像小学生和初中生那样经常需要教师和家长的督促。第四，注重效率。高中生的学习明显地注重效率、讲究方法，期望获得最大的学习效果。因此，对于各种指导学习方法的活动，他们十分欢迎，并且能够针对自己的情况进行自我调节和改进。这样一些特点，表明高中生的学习进入了新的较高的层次，要求学校的教育教学工作与之相适应。

2.社会责任感和世界观

青年时期是富于想象和渴望创造的时期，是个性特征逐渐稳定和初步形成的重要时期，也是世界观开始形成的时期。

由于身心发展已接近成人，高中生表现出更广泛、更强烈的社会积极性和社会责任感，因而这一时期也是世界观形成的重要时期。高中生已经掌握了比较全面系统的科学知识，积累了一定的社会生活经验，这些都使得他们热衷于对各种社会现象加以分析和评价，进行带有一定哲理性的思考。但是这一时期他们的知识经验毕竟有限，对社会的认识仍然难免流于肤浅和片面。对于高中生的社会积极性和责任感，教师应当特别加以爱护，并且加以巩固。在这样的基础上，从哲学、历史、社会学的理论高度帮助他们提高思辨能力，引导他们全面地、深刻地、历史地、辩证地分析看待各种社会现象并且认识其原因及规律。同时，以各种方式创造机会让他们直接到社会中去从事调查研究活动，丰富他们的社会经历，充实他们的社会经验，经常开展关于社会热点和焦点问题的讨论。此外，及时满足他们在政治上要求进步的需求，提高他们对于共青团、共产党的认识，提高他们的政治觉悟。

高中生对个人的远大理想及人类的共同命运都表现出美好的憧憬和极大的关怀。他们向往自己将来成为科学家、企业家、政治家等，希望自己能够对社会做出重要贡献。这是他们理想中的主流成分，是健康上进的。但是，他们的理想中还缺乏现实主义的内容。教师和家长应当启发他们对于人生价值的更深刻的思考，帮助他们认识到作为普通劳动者同样可以有积极的、富有意义的人生，相信诚实的人生、平凡的劳动同样是可贵的，同样是社会进步所必需的。同时，要帮助他们全面地认识一些新的价值观念，例如，什么是公平的竞争，什么是个人价值，以及个人自由和社会意志的关系，权利和义务的关系等。此外，社会主义市场经济的建立，使得意识形态领域十分复杂多样并且冲突激烈，腐朽、没落的封建主义文化和资本主义文化中消极的成分会通过各种渠道侵蚀和影响青年。因此，必须注意把握正确的方向，帮助高中生构建和巩固基本的价值观。对于高中生的思想教育，切忌生硬灌输和刻板说教，只有通过启发，通过开放式的独立思考，才能达到教育目的。

### 3. 自我意识的发展

自我意识的进步和发展，是高中生个性趋向成熟稳定的一个重要表现。他们不但对周围的人，而且对自己也能做出比较深刻的评价。他们不像初中生那样从表面和外在形象上讨论人，开始能够从思想水平、道德修养、智慧程度、人生态度等多角度比较全面地评价别人和自己。由于意识到自己的成熟，精力充沛，他们自尊、自信，要强好胜，充满青春活力。他们头脑活跃，富于创见，思想和行为都很少束缚而极具锋芒。他们的独立意识不仅比初中时更为强烈，而且更加成熟。学校和家庭应当充分利用这样的特点，提供各种机会，引导他们在文化知识、个人修养、政治态度方面通过多种多样的活动不断充实、锻炼和提高自己。当然，高中生仍然难免对人对己估计过高和过低，甚至偏激和片面，需要经常帮助和启发他们，养成对人对己的客观公允态度。

### 4. 人际交往能力更加成熟

高中生在人际交往方面的要求更高了。高中生非常重视友谊，对友谊意义的理解更深了，在这一时期建立的友谊往往是深厚、长久和牢固的。与初中生相比，他们所理解的友谊不仅要有共同的兴趣爱好，而且包括共同的理想、观点和信念，对于朋友的相容、谅解能力都比初中时更强，这些都使得高中生的友谊更为深厚。他们对友谊的需求和获得也比与初中生广泛而成熟。他们不仅满足于加入某个群体和获得群体的认可，而且十分关心自己在其中的地位及表现。但由于思想和人格上尚不成熟，他们仍然比较容易出现友谊至上的行为，例如同学、朋友之间只讲义气，强调"友情为重"，有的甚至为维护"友谊"而丧失原则。教师应当善于引导，提高他们对于友谊意义的理解，并且关注和了解学生中交友的情况，支持正常的交往，避免不健康的"友谊"。高中生十分看重人际交往中的气质、风度，因此这一时期也是养成良好个人修养的重要时期。

### 5. 开始体验纯洁爱情

高中阶段的男女生之间出现彼此的爱慕之情，是比较普遍的，这是十分自然和正常的，而且绝大多数十分纯洁。与初中阶段相比，这种情感要深刻和稳定得多，一旦遭遇挫折和打击，他们往往会产生极大的痛苦。对这一类问题，教师一定要慎重，不能伤害学生的自尊和感情；更不能采用简单粗暴的高压处理手段。因为这样的做法不仅通常是无效的，而且往往适得其反。从教育的角度，首先应当提高学生精神生活的品位和格调。一个有理想有追求的青年，即使有比较亲密的异性朋友，通常也能够维持彼此交往的健康文明。其次要进行比较专门的正面教育，例如婚姻、家庭、爱情等方面的教育。高中生对这些问题的关心是必然的，回避和禁止是放弃教育的权利和责任，是消极行为。正视并且面对这种必然才是科学的态度。

## 二、创设符合学生心理健康要求的环境

### （一）学校生活和家庭生活是学生心理健康的重要原因

关于中小学生心理健康教育的理论探讨和实践研究，多是集中在各种专门措施上。例如，怎样开展个别咨询服务，如何进行集体心理教育，等等。毫无疑问，这些家庭在心理健康领域的努力，与其他专门机构有所不同，这是由学校培养人、教育人的根本特点，家庭对个体的特殊影响所决定的。学校和家庭不同于各种心理健康的保健和治疗机构，它们本身就是学生心理能否健康发展的重要根源。作为成长中的中小学生，他们的心理发展是在学校和家庭中实现的——入学之前主要在家庭，入学之后主要在学校。因此，学校和家庭的环境与气氛形成和塑造着学生的心理素质，直接影响甚至决定着学生的心理健康。如果无视这些，心理健康教育只能是被动地应付学生各种各样的心理困扰和问题，与心理健康的保健医疗机构没有区别，模糊了学校和家庭作为学生心理健康发展根源的重要特征。

由于学校和家庭生活本身是学生心理发展的重要根源，除了展开心理辅导和提供心理咨询外，学校和家庭首先必须营造有利于学生心理健康的环境。

心理健康教育应当是建设性的，是主动的和积极的，不仅能够解决和处理已经出现的问题，而且能够防患于未然，促进和提高学生的心理健康水平，

减少各种心理问题出现。在这方面的首要工作，就是营造有利于学生心理健康的环境，为他们的心理发展提供良好的基础和条件。这样的环境，应当是给予学生具有安全感的、愉快的、和谐的氛围，以及开放、宽松、积极的学习气氛。

在这样的环境中，学生的心理能够得到充分、健康的发展，心理辅导和心理咨询也能够取得理想的效益。缺少这样的环境，不利于学生心理的健康发展，心理辅导和心理咨询只能是效益低下的。

自从迈进学校的门槛，个体的主要社会角色就是学生。学校生活就是生活中最具正规性和权威性的内容，学校成为中小学生成长发展最重要的环境。作为个性主要基础的心理健康状况，与学生在学校生活中的体验有着极为直接和密切的关系。对于一个学生来说，如果学校生活中的体验主要是紧张、压抑、沮丧的，那么他就必然容易出现各种心理问题、心理障碍甚至心理疾病；反之，如果学校生活的体验主要是轻松、乐观、积极的，那么他的心理状态就会倾向于积极良好，即使遇到心理问题和障碍，也能够比较容易得到解决。

在学校环境中，人际关系是最为重要的一个方面，其中师生关系具有特殊的意义。可以说，一所学校中师生关系的状况，是构成这个学校环境的主要因素。从学生心理健康的需求出发，学校必须建立以尊重学生为基础的，民主、平等的师生关系。在这样的师生关系中，学生能够获得充分的安全感和对教师的信赖感，从而毫无顾虑地表达自己的思想感情，自然地表露自己的困惑疑问，并且随时得到教师的理解支持和帮助指导。

学习是每个学生生活中最为重要的事情，没有哪个学生不愿意得到好的成绩，没有哪个学生能够完全没有学习的压力。无论学生和教师如何努力，在学习上能够名列前茅的终究只能是少数。就心理健康而言，追求所有的学生都能够成绩优异是不现实的。教育者应当努力调节和减轻对学生的压力，将其控制在不对学生的心理健康造成危害的范围内，并且尽可能经常和普遍地使学生体验到学习的成功。

在学生进入学校之前，家庭对于他们的心理健康起着决定性作用。即使在学生入学后，这种决定性被学校所取代，家庭的影响依然十分强大。进行家庭心理健康教育，同样要创设良好的家庭环境，这种环境同样以人际关系和学习气氛为主要内容，所不同于学校的是，人际关系表现为民主、平等的家庭关系。

### （二）建设和营造有利于学生心理健康的环境

创设有利于学生心理健康的环境，无论对于学校还是家庭，都涉及许多方面的长期、复杂的工作。具体面向以下几个方面。

#### 1. 教育工作者

建设和营造有利于学生心理健康的环境，是每一个教育工作者的责任。无论是教师还是行政人员，无论是班主任还是科任教师，人都要以自己的言行承担相应的责任。

要使学校环境有利于学生的心理健康，对教师提出了在传统教师角色中所没有的新的要求。比较突出的有以下几个方面。

#### （1）理解

教师能够从学生的角度体验和思考，即使学生的行为是明显失当的，也要看到其行为背后的合理因素：学生没有完成作业，可能是因为出现家庭变故；学生破坏纪律、可能希望以此引起别人的注意；等等。学生行为背后的真正原因，经常是他们自己也未必明确意识到的。作为成人和对学生的心理健康负有责任的教师，应当比他们更为敏感地想到和看到这些行为背后的原因，并且敏锐地找出其中的联系。只有这样，才能真正了解学生的感受，才可能有针对性地进行心理健康教育。

#### （2）接纳

无论学生做出了什么样的行为，教师应当使得他们感受到没有被排斥和拒绝。教师仍然将他们当作自己的学生，仍然尊重他们的人格，仍然承认和尊重他们的尊严和权利，并且愿意帮助他们。

#### （3）分享

教师要尽可能地进入学生复杂多变的内心世界，分享学生的喜、怒、哀、乐，使得学生相信教师能够懂得他的体验并且与他有同样的感受，能够知道他们的孤独、懂得他们的失望、理解他们的气愤等。分享学生的感受，能有效地将师生置于平等地位，使学生容易接受来自教师的各种帮助。

2. 学生

建设和营造有利于学生心理健康的环境，要面向每一个学生。无论是各方面表现优异的学生，还是某方面处境不利的学生，都需要这样的环境。

一般来说，学校进行心理健康教育时，需要特别注意和关怀的是在数量上占大多数的普通学生，在我国中小学班级规模普遍超过 50 人的情况下更是如此。中小学的各个年级和不同班级，通常比较容易引起教师关注的是少数表现优异及表现较差的学生，作为大多数的普通学生往往因为不需要教师特别"操心"而有意无意地被教师所忽视。虽然从知识的学习上，这种忽视似乎无关大局（这些学生大多数能够完成学习任务），但从心理健康的要求考虑，这种忽视是不允许的。因为任何人都需要他人的注意与关怀。在学校这种特殊环境里，所有学生都需要教师的注意与关怀。长期被教师忽视的学生，不仅被他人承认、尊重的需要无法得到满足，其他正常的需要也难以获取正当的满足机会。事实上，国内外都有研究证明，这些表面平静老实的普通学生在心理健康上更容易产生问题。要使每一个学生感受到学校生活的安全、愉悦、和谐，使每一个学生体会到师生关系的民主平等，使每一个学生体验到学习生活的开放、宽松、积极。

3. 学校

建设和营造有利于学生心理健康的环境，关系到学校每一项工作，无论是课堂教学、课外活动，还是班团队活动，都应当与这样的环境相一致。认为心理健康教育只是心理辅导和心理咨询教师的工作，那是极其错误的。没有学校各项工作的一致配合，心理辅导和心理咨询工作的效果不但难以巩固，而且可能被降低甚至抵消。例如，一名因考试挫折产生严重情绪问题的学生，通过心理辅导和心理咨询能比较好地得到宣泄和调节，并且做好了重新投入学习的准备，但在此时学校采用公开张榜的形式公布学生成绩，不仅使前面的努力付诸东流，还可能使他的情绪问题进一步恶化。

在学校各项工作中，课堂教学的地位最重要。教学活动是学校教育的主要途径，在心理健康教育中也不例外。毫无疑问，学校能否成为有利于受教育者心理健康的环境，课堂教学的状况举足轻重。作为这种环境中的民主、平等的师生关系、开放和宽松的学习气氛，主要是通过课堂教学承担和表现的。也就是说，一所学校能否成为有利于学生心理健康的环境，课堂教学的状况是最主要的指标。如果一所学校的课堂教学中师生关系是权威、专制的，课堂上的学习气氛是封闭、紧张的，那么这所学校就不具备有利于学生心理健康的环境。前面所说建设和营造有利于受教育者心理健康的环境是每一个教育工作者的责任。要面向每一个学生，也主要是从这个意义提出的。

建设和营造有利于受教育者心理健康的环境，具有重要的意义。目前中小学生的许多心理问题甚至心理疾病，正是在学校中产生的，是由于师生关系的过于紧张和学习气氛的过于沉重所导致的。建设和营造有利于受教育者心理健康的环境，需要付出长期而艰巨的努力，要对迄今为止我国教育传统中的许多观念及做法进行深入的调整和彻底的改革。建设和营造有利于受教育者心理健康的环境，符合我国社会主义现代化和教育现代化的根本方向，是教育事业进步的具体表现。

## 三、提供面向全体学生的学校心理辅导

### （一）心理辅导及其特点

心理辅导是指根据学生心理发展的特征与规律，由教育者设计和组织的教育性活动。心理辅导往往以活动为基本方式，引发学生的主观体验和感受，在这样的基础上对学生的心理状态进行积极的影响和调节，达到形成和改善学生心理健康的目的。

心理辅导可以面对全体学生进行，从发展上源于团体性心理咨询的方式。由于辅导者通常是教师一人，辅导对象通常是多个学生，所以心理辅导比较容易纳入有目的、有计划、有组织的学校教育制度。心理辅导涉及的内容比较广泛，学生的学习与生活的各个方面，都可以通过心理辅导给予调节、指导和帮助。心理辅导的作用比较全面，既可以是预防性的，即针对学生可能

遇到但尚未发生的事件；也可以是补救性的，即针对学生已经遇到的带有普遍性的困惑和问题。

由于心理辅导具有上述优势，目前世界上许多国家已经将心理辅导列为学校教育中的常规工作之一。

应当指出的是，学校心理辅导是建立在学生心理健康的普遍需要之上的，不仅面对已经出现比较严重心理障碍或心理疾病的学生，而且面对广大的基本正常的学生，是全员性的，应贯穿学校教育的全过程，即贯穿于基础教育各个阶段，形成小学、初中、高中各阶段相互衔接的系统。

目前，包括中国在内的许多国家和地区，心理辅导经常被人们称为心理辅导课，这是因为学校心理辅导经常是以学校现有班级为单位进行，并且由一名教师面对学生集体，从形式上看，的确与学校其他课程有相似之处。

但是，心理辅导与中小学所开设的其他各门课程存在本质的不同，这些不同是开展这项工作时必须清醒地认识到的，它直接决定着心理辅导工作的成效。

1. 心理辅导主要不是解决知与不知的矛盾

心理辅导不同于学校其他课程，它主要不是解决"知"与"不知"的矛盾，不是要学生掌握一门文化科学知识，而是要直接地影响和干预学生的现实心理状态。尽管在心理辅导中学生会接触到一些心理学的知识、名词概念等，但这是为达到心理辅导的目的服务的，并不是心理辅导的目的。与一般课程相比，心理辅导是由内向外的过程引发学生已有的体验、感受，从而施加影响，其他课程是由外向内获取以前所不了解的知识。

由于心理健康教育工作在中国尚处于起步阶段，人们在有关认识和实践上还在探索。就心理辅导而言，一方面由于在形式上与学校其他课程相似；另一方面由于与心理学的内在联系，不可避免地出现了将心理辅导与心理学知识、原理的学习混为一谈的情况。心理辅导是要直接影响学生的现实心理状态，这样的任务不是只通过学习心理学知识可以解决的。心理辅导与心理学的关系，是理论与应用的关系，即心理辅导必须以心理学的基本原理为基础，心理辅导的内容和方法必须符合心理学有关人的心理健康所揭示的规律。

此外，学校心理辅导的进行，除了要依据心理学外，还要依据教育学，这是由学校心理辅导的对象所决定的。

2.心理辅导要以活动为基础进行

心理学的常识告诉我们，人的感受和体验主要产生于人的活动。同样，人的心理状态的变化和改善也只能在活动中实现。那种空洞的与学生内在世界无关的说教，不可能对学生的心理健康产生实际的影响。因而，心理辅导必须将主要的努力放在组织和引导学生活动方面。在活动中，学生的感受和体验必然产生和表现出来。在这样的基础上，通过师生之间和学生之间的沟通、分享，学生的心理便可能得到调节和影响，从而实现转变和改善。活动组织得越是成功，学生的感受与体验越是真实充分，心理辅导的作用也就越明显。

进行心理辅导与心理咨询不同，不需要特别的资格和训练。一般来说，具有正式资格的教师经过一定的学习都可以担任这项工作。但是从基础教育的现状来看，又不是这么简单。它实际上向教师提出了挑战，要求教师必须转变和更新教育观念。有关实验证明，这是教师胜任心理辅导工作的最重要的条件。

从以教师讲授为主转为以学生活动为主，对我国大多数教师提出了挑战。一方面，活动教学赋予教师进行心理健康教育的理想机会；另一方面，活动教学对教师的素质提出了更高的要求。与一般的教学活动相比，教师在心理辅导中讲的内容少了、时间短了，从表面上看教师的工作轻松了。实际上，学生活动多了，主动性积极性调动起来了，如何保证他们能够真正有所收获而不是走过场？由于学生的年龄特征，高高兴兴地参加，热热闹闹地活动，却没有得到应有的收获，这是心理辅导中很容易发生的现象。要真正达到心理辅导活动的目的，主要依靠教师对于活动目的的准确把握和活动进程的有效组织。

由于历史原因，我国缺少北美、欧洲那样的社会文化背景及教育基础。中小学教学班级规模通常较大，一般在40人以上，这就使得开展以活动为基础的心理健康教育比较困难。教师必须依据我国教育教学实践的特点，从学生的实际情况出发加以引导、灵活调整。例如，采用轮流的方式保证所有学生的全面参与，充分利用小组扩大学生的参与机会。

3.心理辅导的内容必须以学生的生活与发展为逻辑

什么样的活动能够最有效地引起学生的真实感受和体验，使心理辅导的内容与学生内心世界建立起联系，由此使得学生能够信任、接受和认同心理辅导呢？答案很明显，只能是那种根植于学生生活中重要题目的活动。

一般来说，活动的题目和内容越是能够贴近学生实际，就越是能够真实地反映他们当前生活中所关注的问题，学生的反映就越积极，心理辅导的效果也就越好。例如，在模拟解决家庭冲突的活动中，每个学生都可以从自己以往的经历中找到类似的情境，从而感到探讨的必要。再如，在讨论友谊时，每个学生都会很自然地认真考虑自己在对待朋友上的得失。因此，心理辅导在内容上与中小学其他课程表现出显著的区别：它不是独立于学生生活之外的知识或理论体系，而是与学生生活密切相关的各种事件和问题，包括学习、交友、感情等。一般来说，那些在学生生活中最为重要的问题，那些对于他们心理状态的影响最为深刻长久的事情，最应当成为心理辅导的内容。比较而言，一般课程的科学性是由与之对应的科学体系保证的，其真理性有普遍的社会承认及科学的权威性作基础，如物理学、生物学、历史学等。心理辅导则不同，虽然内容的选择和编排有心理学、教育学、社会学等诸多学科作为依据，但是呈现在学生面前的却并非这些学科的结论和理论形态，而是他们生活中已经遇到和将要遇到的冲突、困难和问题，以及解决它们所需要的方法、技能等。这样的内容能否为学生所接受，在相当大的程度上取决于能否引起学生的同感和共鸣，即学生通过自身生活经验与活动内容之间的相似性联系来认同和接受它们："我的确有这种感觉""这样的问题我也遇到过""这种方法对我可能会有帮助"等。

根据学生生活和发展的逻辑进行选择和安排，在专门设计的活动之中，心理辅导的内容就不会是高高在上的、外来的说教，而是亲切、熟悉、自己生活中曾经发生过的事件或正在经历的体验，曾经感受的困惑和正在提出的疑问，这样，心理辅导的效果便可以得到保证。

（二）心理辅导的基本原则

鉴于心理辅导的上述特点，在实践中必须遵循以下几个原则。

1. 主体性原则

这一原则集中、直接地体现了学校心理辅导的本质特征。它的基本含义是：学生从始至终是主体，辅导工作必须首先以学生为出发点。同时，要使学生的主体地位得到实实在在的体现。

提出主体性原则的主要依据有两条。

首先，学校心理辅导的目标就在于追求学生心理健康的形成和维护。这是与一般传授系统科学知识的课程不同的。可以说，辅导工作与学生之间的内在联系较学校教育的其他科目要紧密得多，其内容不是按某门科学的逻辑，而是按照学生特定年龄段的生活和发展的逻辑组织的，即以学生为主体设计的。离开学生主体，全部辅导内容便毫无意义——不可能想象在教师讲授和学生接受为主的情境中，心理辅导的目标能够实现。

其次，心理辅导采用的活动模式为学生主体地位的实现创造了比较理想的条件。心理辅导以活动为主的特点将主体的要求提到了必需的高度。心理辅导的所有内容都要通过学生的主体活动，通过活动中产生的主观感受和体验进行。可以说，没有学生的主体活动，就没有心理辅导的有效性。

尽管心理辅导自身的特点为受教育者主体地位的实现提供了比较充分的条件，真正使学生成为主体仍然要凭借师生双方的努力，尤其是教师的努力才能转化为现实。就主体性教学原则实施而言，以下几条基本要求是必须做到的。

（1）教师所有的准备都要首先从学生出发。教师所选择的事例、安排的活动，都必须是学生所关心和熟悉的，是与他们的生活密切联系，能够引起他们注意和重视的。只有这样，才能使他们不断体验并且逐渐相信心理辅导是为他们开设的，自己的确是辅导活动的主人。

（2）尽可能地提供和创造条件，使学生成为心理辅导中的"主角"并让他们意识到这一点，也就是将学生的主体地位具体化，使学生"理直气壮"地倾诉心声、宣泄情感、发表意见，创造这样的机会对于心理辅导取得成效极为重要。当然，这并不是说心理辅导活动完全不受教师控制，而是对教师提出了更高的要求：以引导者、协调者的姿态主导，而不是强制的、径直式的。

（3）教师必须尽其所能，全面了解学生。教师不仅要熟知学生身心发展的一般规律，而且应当将一般规律的认识具体化，如学生所崇拜的明星、热衷的体育赛事、衣着打扮等。这当然不是说教师要无条件地迎合学生的喜好，事实上教师对此必须有自己的看法。这里所要强调的是，只有洞悉并且进入学生的内心世界，才能引起他们的共鸣，获得他们的认同，教师的赞同或反对意见，也才可能博得他们的认真思考。在心理辅导过程中适时、适当地表现出对上述问题的"内行"，很容易令学生产生亲切感、认同感，从而进一步考虑和接纳教师的意见。

除了熟知学生共同的年龄特征外，教师还要争取了解每个学生的独特之处。共性是通过个别差异才表现出来的。对每个学生来说，都需要教师的理解、关心、信任与肯定。对每个学生的了解，是发挥学生主体性的开始。离开每个学生的主体性，心理辅导以学生为主体便成了一句空话。

2.民主性原则

这个原则直接派生出关于主体性的认识。民主性原则与主体性原则是相辅相成、彼此依存的。它的基本含义为：心理辅导要在民主型师生关系中进行。作为辅导者的教师与作为被辅导者的学生，在辅导活动中是平等的，享有同样的人格尊严，享有同样的表达自己思想情感的权力。没有师生之间民主平等的气氛，学生的主体地位将无法实现。

除了与主体性要求的内在联系外，提出这样的要求也有其自身的依据。

（1）每个学生都是作为独立的个体存在，每个学生都有自己的权利和尊严。他们有受到他人尊重的权利，有表达自己感情和意见的权利。每个学生都有自己独特的、与众不同的内心世界，心理辅导正是要进入和影响他们的内心世界。只有当学生相信他们的权利和尊严得到了承认，才可能敞开自己的内心世界之门。教师如果不能意识到这一点，只一味将其当作命令的对象，极易引起他们的不满、反感甚至抵触情绪，教师的所有努力在学生封闭的内心世界面前都将毫无价值。

（2）中小学生是未成年人，是社会中的弱势群体。他们往往不清楚自己的权利，不善于表达自己的合理要求，甚至不懂得维护自己的权利和要求。当他们在满足自己的要求遭遇挫折时，经常会封闭心灵，甚至用负面的行为表达和满足自己本来正常的需要。心理辅导活动应当主动和积极地为学生满足需求提供机会和条件，而不仅仅是等待和适应。民主型的师生关系能够取得最好的效果。

（3）心理辅导活动的目的是培养、维护和增强学生的心理健康，这也使得民主型师生关系必不可缺。教育者以朋友的身份和姿态出现，才能使他们无戒备心而有安全感，才会愿意与教师分担痛苦，分享欢乐，彼此坦诚相见，缩短乃至消除师生之间的心理距离，接受教师的教育。朋友之间的关系只能是民主的、平等的。因此，所有为追求心理健康而做的努力只有在民主型的师生关系中才有获得成功的可能。

如果说权威型师生关系在目前的教育实践中难以一时得到全面的改变，那么，在专门的心理辅导工作中，民主型师生关系则是必需的。为保证民主性教学原则的实施，仅仅靠教师的语言是不够的，必须使学生真正体验到教师是以民主的方式对待他们，这是要通过教师的行为表现出来的。为此，有几项最基本的要求。

第一，杜绝居高临下式的说教，代之以彼此平等的讨论、沟通。这一要求虽然简单，但事实上我国的教育现实及绝大多数教师的经验与此却相去甚远。即使是必须由教师做的说明、概括、总结，也要讲究表述的语气。例如，"是不是还有另一种可能？""也许这样看更全面？""我也想谈谈自己的体会，希望你们能够理解。""我很想知道是什么样的原因使你这样想的？"

第二，重视学生的意见，并且最大限度地表示理解。教师当然可以不赞成，有时甚至反对学生的某些意见，但是必须使学生明白教师"懂得"他们的想法。教师理解他们为什么会这样想，教师能够体验到他们的感受，对他们的不同意见进行了充分的考虑、分析。教师必须给予学生发表意见的机会，并且在可能的条件下采纳学生的合理意见。

第三，尊重学生的人格。在任何情况下，决不允许侮辱学生，不允许讽刺挖苦或嘲弄学生，不揭学生的"短"，不泄露学生的"秘密"。毫无疑问，教师应当指出学生的各种错误，并且给予严肃的批评、帮助，但是要避免因方式不当或态度粗暴伤害学生的自尊。

提倡民主性绝不意味着放任、迁就学生。民主性所主张的，是营造、维护这样的气氛：学生能够并且愿意发表自己的意见，可以在教师协助下，通过自己的比较、分析、综合、判断；自己做出正确、合理的答案或结论。

3.参与性原则

参与性原则的基本含义为：心理辅导活动要以教育者和受教育者双方的参与为条件。一方面，要求所有学生充分地参与；另一方面，要求教师平等地参与。提出这一要求的主要依据如下。

（1）首先是个体自我表现和人际交往的需求。渴望自己的内心世界为他人所了解，渴望了解他人，是中小学生共同的心理要求。他们总是寻求着各种机会展示自己的才华、爱好、兴趣、个性。当然，不同气质、性格的学生表现形式相去甚远。可惜的是，在我国学校教育的全部环境中，往往没有为学生满足这种需求提供多少机会。除去少数"优秀"学生之外，大多数普通学生，尤其是那些性格内向不甚活泼的学生，表现自我、与他人平等交往的机会就更少，经常无法满足维持心理健康的需求水平。在无法满足的需求驱使下，学生甚至会做出"过头"的举止行为，如大声喧哗、冒险逞能、奇装异服，以致违反纪律。心理辅导应以满足学生的这些需求为己任，要尽可能为每一个学生创造和提供机会，使得每一个学生有充分的参与机会。

（2）实施广泛参与，也是心理辅导内容的需要。活动是心理辅导的基础，被辅导者参与活动的机会和频率直接关系到他们在辅导中有无收获及收获大小。因此，教师理所当然要尽力使每个学生得到充分的机会。

为保证师生双方，尤其是学生的积极参与，以下具体要求是必需的。

第一，保证给每个学生机会。无论学生个性如何，成长和发展中出现的基本需求是同样的。教师要照顾到每个学生，应当特别注意避免那些活跃分子"独领风骚"，应将那些平时不大引人注意但数量较大的学生作为关注的焦点，给予他们足够的机会，保证他们的参与。有关实验证明，这样一些学生从参与中所得到的帮助和收获经常更为强烈和持久。

第二，注意学生的特殊需求并给予实际帮助。心理发展的规律总是通过每一个体的不同行为表现出来的，而且常常带有浓厚的个性差异色彩。比如，那些腼腆、害羞的学生恰恰最渴望与人交流、与别人分享自己的感情。只是由于害怕失败，害怕遭到拒绝，担心受到嘲弄，担心遇到挫折而宁愿选择逃避或沉默。教师要善于发现这样的学生，给予他们及时、具体的帮助。同时，尽量使帮助不露痕迹，以保护其自尊。

第三，教师必须以班级平等一员的身份参与。教师的参与，能够极为有效地建立心理辅导所需要的气氛。有关研究实验证明，教师作为普通成员接受学生的调查、采访，与学生分享个人的感受、经历，发表自己个人对于某事的看法、意见，总是能够迅速缩短师生之间的心理距离，提高心理辅导的效果。

4.多样性原则

多样性原则广泛适用于心理辅导的各个方面。它的基本含义是，辅导中出现的许多问题的答案是开放性、多样化的，并不是非此即彼或唯一的；教学中的具体形式和方法，也应该而且最好是多样的，富于变化的。坚持这一要求的主要依据如下。

（1）受教育者个性的多样化。在中小学各个阶段，学生面临着共同的问题，在发展中呈诸多共同规律，但个性差异始终存在。一方面，随着个性逐渐形成，受教育者的不同气质、性格特点逐渐显现。他们对于同样的事件和经历甚至会产生完全不同的体验和感受。另一方面，中小学生个性处于不稳定阶段，即使是同一个学生，也可能在很短的时间内表现出前后不一甚至截然相反的态度和行为。承认、接受差异，是心理辅导获取成功的前提。进而言之，在针对共性的基础上，最大限度地照顾学生的个性差异，满足他们的不同需求，便成为提高心理辅导成效的关键。正是在这个意义上，多样性的要求是必不可少的。

（2）心理辅导活动内容涵盖面极广，不仅在中小学各个阶段各有侧重，就是同一阶段中也会涉及个性心理的不同方面，因此不存在绝对的模式和唯一的答案。例如，对于调适情绪采用的方法，可能并不适用于处理人际关系；对于此一学生群体有效的形式，未必适用于彼一群体。因此，要求心理辅导在活动形式上灵活多样，富于变化。辅导者应当善于根据辅导对象的实际，将具有普遍意义的内容和方法等，通过不同的形式转化为生动的、有鲜明针对性的主题及活动。

为了保证这一原则的实现，必须遵守以下几条基本要求。

第一，教师要允许不同意见存在。在不丧失原则的情况下，鼓励、引导学生表达不同的内心体验和感受、表达不同的看法，并且充分肯定不同体验和感受的合理性。教师不要轻易否定学生的表达。事实上，就心理辅导的具体内容而言，许多问题都是开放性的，并非只有唯一的回答，丰富多样的表现方式和解决问题的方法是合理的。即使是涉及是非问题，也应当采用与心理辅导要求一致的方式处理。

第二，教师应当自觉地、主动地以多样性的教学适应不同学生的需求。任何一种形式都不可能同时满足所有学生。精细、慎重的配合，及时、频繁的变换，广泛、周到的选择，都是必需的。刻板、单调、重复的内容、形式、方法，无法发挥心理辅导的作用，也无法达到心理辅导的根本目标。可见，心理辅导是学校心理健康教育的主要工作、从形式到内容都有一定的计划性和规范性。

# 第二节　小学心理健康教育的主要工作

## 一、小学心理健康教育的内涵与意义

1.小学心理健康教育是整个素质教育的心理基础

目前普遍倡导的素质教育是要全面发展学生各方面的综合素质，包括思想品德、科学文化、身心健康、艺术修养等多个方面的素质。心理健康教育既是素质教育的内容，也是整个素质教育的基础和内在动因。没有健全的心理素质，其他素质很难得到良好的发展，如品德形成的内因就是心理因素，道德问题与心理问题是相互联系、相互影响的。只有通过心理健康教育，使心理处于最佳状态，学生其他各方面的素质才可能获得充分发展。

2. 开展小学心理健康教育是小学生全面健康发展的保证

小学阶段是儿童心理发展的一个重要转折期。在这一阶段开展心理健康教育，有助于发展学生的认知思维能力，培养学生的健康情绪，高尚情感和坚强意志，使学生学会克服生活中的困难、解决学习上的难题、培养关心他人的习惯、增强创造力，从而塑造小学生良好的道德品质，有效预防心理问题的发生，提高学习效率和适应能力，促进学生全面健康发展。

3. 开展小学心理健康教育是社会和谐发展的需要

从家庭方面来看，家庭结构发生变化、父母教养方式不当、亲子关系紧张、家长对孩子学习成绩期望过高等都会对小学生的心理健康产生一定的消极影响；从学校方面来看，测验考试频繁、课程难度大、作业数量多导致学生学习压力较大，厌学情绪增多；从社会方面来看，信息时代高速发展，互联网已经走进小学生的生活，由于不合理的监管导致的网络成瘾现象频发。因此，开展小学心理健康教育不仅非常重要，而且非常迫切。

## 二、小学心理健康教育的目标与任务

教育部《中小学心理健康教育指导纲要》（以下简称《指导纲要》）对中小学心理健康教育的目标与任务做了明确论述。

心理健康教育的总目标是：提高全体学生的心理素质，培养他们积极乐观、健康向上的心理品质，充分开发他们的心理潜能，促进学生身心和谐可持续发展，为他们健康成长和幸福生活奠定基础。

心理健康教育的具体目标是：使学生学会学习和生活，正确认识自我，提高自主自助和自我教育能力，增强调控情绪、承受挫折、适应环境的能力，培养学生健全的人格和良好的个性心理品质；对有心理困扰或心理问题的学生，进行科学有效的心理辅导，及时给予必要的危机干预，提高其心理健康水平。

心理健康教育的主要任务是：全面推进素质教育，增强学校德育工作的针对性、实效性和吸引力，开发学生的心理潜能，提高学生的心理健康水平，促进学生形成健康的心理素质，减少和避免各种不利因素对学生心理健康的影响，培养身心健康，具有社会责任感、创新精神和实践能力的德智体美全面发展的社会主义建设者和接班人。

## 三、小学心理健康教育的原则

教学原则是教师进行教学工作必须遵循的基本要求，正确和灵活运用教学原则是提高心理健康教育质量的重要保证。

### （一）《指导纲要》对小学心理健康教育原则的概述

《指导纲要》明确要求：开展中小学心理健康教育，要以学生发展为根本，遵循学生身心发展规律，必须坚持以下基本原则。

1.坚持科学性与实效性相结合

要根据学生身心发展的规律和特点及心理健康教育的规律，科学开展心理健康教育，注重心理健康教育的实践性与实效性，切实提高学生心理素质和心理健康水平。

2.坚持发展、预防和危机干预相结合

要立足教育和发展，培养学生的积极心理品质，挖掘他们的心理潜能，注重预防和解决发展过程中的心理行为问题，在应急和突发事件中及时进行危机干预。

3.坚持面向全体学生和关注个别差异相结合

全体教师都要树立心理健康教育意识，尊重学生，平等对待学生，注重教育方式方法，关注个别差异，根据不同学生的特点和需要开展心理健康教育和辅导。

4.坚持教师的主导性与学生的主体性相结合

要在教师的教育指导下，充分发挥和调动学生的主体性，引导学生积极主动关注自身心理健康，培养学生自主自助维护自身心理健康的意识和能力。

### （二）小学心理健康教育的具体原则及贯彻要求

在实际开展小学心理健康教育工作中，不仅要遵循以上原则，还应特别重视贯彻以下几个重要原则。

1. 理解与尊重原则

理解与尊重是心理健康教育过程中，对待学生时应有的态度，以及和谐师生关系应该遵循的基本原则。贯彻这一原则需要做到以下几方面。

（1）理解。尊重的前提是理解，只有理解学生才能做到尊重学生。理解，则要求教师深入研究和了解该年龄段学生的心理特征，以及这一年龄段常出现的一般心理问题和特殊问题，在理解的基础上，教师才能以平等态度对待学生。而对于学生来说，被他人理解，意味着受到他人的关注、与他人之间达到心灵沟通，从而产生一种"遇到知音"的感觉，学生才有可能从内心接受教师的教诲和引导。另外，在心理辅导过程中，学生如果被教师理解，他就会信任教师，愿意向教师倾吐内心的烦恼和小秘密。这种良好的师生关系，是心理健康教育获得成效的基本条件。

（2）尊重。首先，尊重就是尊重学生的人格与尊严，尊重学生的个体差异，承认学生与教师、与其他人在人格上具有平等的地位。当教师尊重学生时，学生才会有意识地尊重自己，珍惜自己的成绩和进步，关心自己的荣辱，体验到做人的尊严。而自尊，自重、自信正是健全人格的重要特征，是心理健康教育所追求的重要目标之一。其次，尊重学生要求教师以平等的、民主的态度对待学生，尤其是对课堂上个别行为问题突出的特殊学生要予以特别关注和尊重。例如，对有多动症症状的学生，要接纳他们突然站起来，离开教室的举动；对于个别心理发育不成熟的学生，教师要接纳并纠正他们频繁接教师话、不能克制自己的某些行为，上课坐姿与众不同、行为冲动等行为；对于智力发展水平不是很高，学习有困难、成绩一直不好的学生，还有那些活在自己世界里，不关注别人感受的学生，教师容易认为这些学生不遵守纪律，不听教师话，其实学生这些表现有些是心理问题甚至是精神问题引起的，这些特殊学生的问题靠批评、惩罚是解决不了的。除了建议家长带着孩子寻求心理辅导，教师对这些学生的理解和尊重、接纳和关怀也很重要，然而这些特殊学生的问题行为往往不容易被教师识别和理解。

2. 全体性原则与差异性原则

（1）全体性原则是指心理健康教育必须面向全体学生。全体学生都是心理健康教育的对象和参与者，每个学生都有接受心理健康教育的需要和权利。之所以强调全体性原则的原因如下。首先，小学阶段是个体心理发展的重要转折时期，每一位学生在成长过程中，都会面临如何更客观地认识自己，如何提升交往能力，如何提升情绪调控能力，培养健全人格，如何更好地提升社会适应能力等问题。所以，应该以全体学生健全的人格和积极乐观的心理品质为心理健康教育的基本立足点和最终目标。其次，心理健康教育不只是为了预防和疏导学生的心理问题，它还包括学生心理素质的培养和心理健康水平的提高。所以，学校心理健康教育绝不像心理辅导那样只是为了解决个别学生的心理问题，而必须把大多数心理正常的学生也包括进来。因此，心理健康教育应该使所有的学生都拥有受教育的机会。

全体性原则需要做到：①在制订心理健康教育计划时要从全体学生出发，确定心理健康内容时要把所有学生普遍存在的问题考虑在内；②平等对待学生，创造条件，尽可能让每个学生都有参与接受教育的机会；③心理健康教育工作不但要解决学生存在的心理问题，而且更要着眼于学生心理素质的培养和心理健康水平的提高。

（2）关注个体差异原则是指学校心理健康教育要注意学生的个体差异，根据学生的个性特点，有针对性地进行心理健康教育。每个学生具有不同的家庭环境、社会背景、生活经历，具有不同的能力、需要、兴趣、经验和价值观等。因此，在心理健康教育的过程中，教育者不能忽略学生的差异性，对所有学生都采用同一种方法，而应该使学生的差异性和独特性得以展示，分析各学生的特点，有的放矢、因材施教、重视差异，有针对性地实施教育，使每个学生的心理健康水平都得以提高。例如，对于性格内向、害羞的学生多关注，并为他们创设参与和展示的机会；对于有心理问题或者特殊问题的学生要单独做心理辅导。

关注个体差异需要做到：①了解学生的年龄差异性别差异、个性差异心理差异，充分了解每个学生的个性特点；②对不同学生应灵活采用不同的方法；③做好个案资料准备，以便更好地了解每位学生。

3.教师的主导性原则与学生的主体性原则

（1）教师的主导性角色应该是"学习的组织者、引导者与合作者"。其主要任务是组织学生参与教学目标导向之下的多样化的学习活动，营造学习氛围，创造学习环境，充分调动学生的学习积极性，通过恰当的手段去引发学生参与、体验和领悟，使学生真正成为学习的主人。这一切都离不开教师的主导作用。

心理健康教育课是师生合作完成的活动，教师的作用犹如导演，提出问题，从旁协助，提供建议。在与学生沟通的过程中，作为协助者，教师应避免使用"你不应该这样做""我告诉你""你应该""你这样做是不对的"等教育式、命令式和灌输式的口吻，宜用鼓励性、商量式的语气说话，例如，"大家找出问题来""找到有效解决问题的方法""请继续讲""你的意思是不是这样""我想做一点补充""如果这样做是不是更全面""同学们真有才"等。心理健康教育课堂上的提出问题、解决问题、行为演练等活动主要是学生在"唱主角"，教师的主导作用在于设计课堂教学环节、导入主题、提出要求、活动后组织学生分享点评、课堂结束时的总结等。

（2）学生主体性原则是指学校心理健康教育要以学生为主体，尊重学生的主体地位，积极调动学生的主动性、积极性，把教师的主导性与学生的积极主动参与有机地结合起来。之所以重点强调尊重学生的主体地位，充分发挥学生的主体作用，是因为学校心理健康教育是一种"助人"与"自助"的过程。"助人"只是教育的手段，"自助"才是教育的目的。通过"助人"的过程，让学生达到"自助"水平，这是主体性原则的重要特征。

贯彻学生的主体性原则，必须做到以下几点。①要从学生的实际状况和需要出发，把心理健康教育的要求转化为学生自身的需要；教学内容和教学方法的考虑应当从学生实际出发，充分引发学生的动机，尊重学生主体地位，课堂上始终是学生"唱主角"。②尊重学生的主动性、积极性，发挥学生的主体作用，在活动设计中要给学生发挥想象力提供空间，要鼓励学生发表看法、表露情感、探索解决问题的办法。不能替代学生解决一切事情。

4. 活动性原则

《指导纲要》指出："心理健康教育课应以活动为主，可以采取多种形式，包括团体辅导、心理训练、问题辨析、情境设计、角色扮演、游戏辅导、心理情景剧、专题讲座等。心理健康教育要防止学科化的倾向，避免将其作为心理学知识的普及和心理学理论的教育。"可见，活动性是心理健康教育课的核心特点之一。它的基本含义是：课程所要求学生掌握常见问题的解决方法、知识技能、态度价值观等，主要是让学生通过丰富多彩、形式多样的体验性活动和情境来完成的。因此，心理健康教育课的课堂教学是以活动为特征的教学。这就要求教师针对学生实际设计多样的活动，鼓励学生参与活动的积极性、主动性和创造性，通过游戏、情境体验、角色扮演、行为训练、讨论分析等方式，指导学生在活动中体验和分享，通过与同学的沟通交流，在活动中掌握心理调节的方法。

贯彻活动性原则要做到：①活动的设计要从学生自身需要出发，紧密联系学生实际；②活动内容的设计和组织形式要与学生的年龄特征相适应；③要注意通过系列活动让学生参与各种训练和练习，使学生在丰富体验的基础上不断获得感悟。

5. 同感性原则

同感又称共情或同理心，是指教师能以感同身受的方式体验学生的想法与情绪，表达认同和理解。同感就是设身处地理解他人的感受。心理健康教育课是一个重视情感交流的课堂，心理健康教育课的成效更多地体现在学生态度的形成或改变上，此时教师的同感能力就尤为重要。学生喜欢上心理健康教育课的一大原因就是心理健康教育课的教师有较强的同感能力。

例如，当一个学生对老师说："他不和我玩了。""同感"的老师会说："那你一定很难过，是吧？"接着老师会问明原因，协助学生分析应该怎么办。而不会说："肯定是你不对。"有同感的教师不会在学生的伤口上再撒把盐，让学生痛上加痛。个别学生在课堂上经常接教师话，课上教师会表扬学生脑子反应快，注意力集中，课下会找学生或家长谈话，了解学生的详细情况，判别是因为学生心理发育不成熟还是其他特殊原因，而不是简单地批评学生。

有同感能力的教师在学生难过的时候，会表达一种理解和安慰，并协助学生找出解决问题的方法；在学生开心时，会和学生一起分享喜悦。也就是说，同感的前提首先源自师生平等、民主的关系。老师只有真正平等地把学生当作朋友，在学生难过时、出现问题时能表达同感，学生才可能无拘无束地敞开自己的心扉，接受辅导。

在教学过程中师生之间是一种朋友的关系，师生有共同的感受，互相感染。因此，教师在上心理健康课时，不仅是学生的老师，也是学生信赖的朋友。教师要使学生与自己处于平等的地位，自觉地意识到并且使学生也意识到双方在人格、权利上享有同等"待遇"。为了做到这一点，教师可从授课形式上做出改变，例如课堂上教师可以让学生围坐在自己身边，创造一种有利于学生与教师直接对话的轻松愉快的课堂氛围，教师也可以直接参与到学生的活动中。在活动中，教师要专心聆听学生发表的意见，多使用开放性的语言，例如"是吗？你是怎么想的？"来引导学生继续说的愿望。辅导老师要掌握与学生交往的艺术，在辅导过程中倾注自己对学生的关心和理解，这样学生才会充分相信和理解老师，从而实现心理辅导的目标。

6. 教育性原则

教育性原则是指在进行教育的过程中始终要注重培养学生积极进取的精神，帮助学生树立正确的世界观、人生观、价值观。通过心理教育使学生"学会做人、学会处事、学会生活"。这一教育原则应该贯穿心理教育的整个过程。教育性原则的落实不能依靠教师的灌输式教学，而是使学生通过阅读故事发现身边的好人好事、分析生活中的案例和自己的亲身实践等，并在教师的启发下领悟做人的道理。

7. 发展性原则

发展性原则是指教育者应遵循发展的理念，以积极的人性观为指导，以学生的成长为中心，一切教育内容、目标、计划活动都要着眼于学生的健康发展。教师要以发展的眼光来看待学生，不仅要善于发现学生身上出现的问题，更要了解学生的过去，很好地预测学生将来可能出现的问题。学生的心理健康问题是一个发展的过程，教育者只有对学生作动态的分析，比较过去与现在才能预测未来，也才能弄清学生心理健康问题的来龙去脉，从而更深刻地了解学生。反之，如果把学生的问题看作一成不变的，容易把学生判断为"无可救药"或"绝对优秀"。这样，成绩暂时落后的或者问题行为突出的学生可能会出现破罐子破摔的想法，成绩好的学生可能会出现骄傲、自负等缺点。坚持发展性原则有利于预防学生心理问题的产生，并对学生可能产生的问题有一些大致的把握，可以提早采取有效的措施来防止学生心理问题的产生。

贯彻发展性原则需要做到：①教育者要用发展性的眼光来看待学生；②把握学生的过去、现在，预测可能产生的心理问题；③使学校心理健康教育工作贯穿于学生的成长过程，通过学生心理的发展达到预防之目的。

## 四、小学心理健康教育的内容

《指导纲要》指出："心理健康教育应从不同地区的实际和不同年龄阶段学生的身心发展特点出发，做到循序渐进，设置分阶段的具体教育内容。"其中，小学心理健康教育的内容主要包括以下几个方面。

小学低年级的心理健康教育内容主要包括：帮助学生认识班级学校、日常学习生活环境和基本规则；初步感受学习知识的乐趣，重点是学习习惯的培养与训练；培养学生礼貌友好的交往品质，乐于与老师、同学交往，在谦让、友善的交往中感受友情；使学生有安全感和归属感，初步学会自我控制；帮助学生适应新环境、新集体和新的学习生活，树立纪律意识、时间意识和规则意识。

小学中年级的心理健康教育内容主要包括：帮助学生了解自我，认识自我；初步培养学生的学习能力，激发学习兴趣和探究精神，树立自信，乐于学习；树立集体意识，善于与同学老师交往，培养自主参与各种活动的能力，以及开朗、合群、自立的健康人格；引导学生在学习生活中感受解决困难的快乐，学会体验情绪并表达自己的情绪；帮助学生建立正确的角色意识，培养学生对不同社会角色的适应；增强时间管理意识，帮助学生正确处理学习与兴趣、娱乐之间的矛盾。

小学高年级的心理健康教育内容主要包括：帮助学生正确认识自己的优缺点和兴趣爱好，在各种活动中悦纳自己；着力培养学生的学习兴趣和学习能力，端正学习动机，调整学习心态，正确对待成绩，体验学习成功的乐趣；开展初步的青春期教育，引导学生进行恰当的异性交往，建立和维持良好的异性同伴关系，扩大人际交往的范围；帮助学生克服学习困难，正确面对厌学等负面情绪，学会恰当地、正确地体验情绪和表达情绪；积极促进学生的亲社会行为，逐步认识自己与社会、国家和世界的关系；培养学生分析问题和解决问题的能力，为初中阶段学习生活做好准备。

## 五、小学心理健康教育的途径

心理健康教育是小学实施素质教育的重要组成部分，其多维度、多层次的体系特点，决定了其实施途径的多样性。为了更好地实现心理健康教育的目标，我们必须调动各方面的力量，把心理健康教育全面渗透到学校各项工作中去，多种途径开展心理健康教育。概括地说，学校心理健康教育的途径有两大类：一类是专门途径，包括开设学校心理健康教育课程、开展学校心理辅导；另一类是非专门途径，主要指在学科教学、学生管理、学生活动、校园环境和校园网络中渗透心理健康教育。这两条主要途径在心理健康教育的实施中是不能互相取代的。作为一种专业活动，心理健康教育课程和学校心理辅导为学生提供专业指导，作用独特，无可替代。但是，仅限于专门途径还不够，还应该将心理健康教育工作渗透到各种教学活动和各项其他活动中去，各科教学、班主任工作、团队活动等非专业活动对于心理健康教育而言，也是一种必不可少的补充和强化。只有这样，才能形成众多的途径或渠道，促进学校心理健康教育工作的开展。

### （一）心理健康教育的专门途径

1.学校心理健康教育课程

学校开展心理健康教育的专门途径有两条：一条是对全体学生进行心理

健康教育；另一条是针对有心理困扰的学生进行心理辅导。而心理健康教育课程承担了第一条途径的任务。在学校心理健康教育体系中，学校心理健康教育课程是其中最核心的组成部分，是学校心理健康教育最主要的工作内容。它以课程的形式，向学生传授心理健康的知识、训练学生的心理素质、陶冶学生的心理品质，以达到全面提高学生心理健康水平的目的。值得注意的是，不能简单地用学校心理健康教育课程取代学校心理健康教育，也不能把学校心理健康教育课程等同于学科教学课程，以防止心理健康教育学科化的倾向。

2.学校心理健康教育辅导

心理辅导是达到学校心理健康教育整体目标的专门途径之一。学校通过设立心理辅导室，为求助的学生提供必要帮助。心理辅导可以使学生的消极情绪得以宣泄，顺利摆脱心理压力，及时解决心理问题，改变不合理的认知和行为，提高心理平衡能力和承受能力。在心理健康教育体系中，心理辅导是极其重要的组成部分，也是专业化程度最高的教育内容。

《指导纲要》指出："心理辅导室是心理健康教育教师开展个别辅导和团体辅导，指导帮助学生解决在学习、生活和成长中出现的问题，排解心理困扰的专门场所，是学校开展心理健康教育的重要阵地。"心理辅导室的主要功能如下。

（1）开展团体心理辅导。关注全体学生的心理健康水平，提高全体学生的心理素质，开展面向全体学生的心理健康教育活动和团体心理辅导活动。

（2）进行个别心理辅导。对有心理困扰或心理问题的学生进行有效的个别辅导，提供有针对性的心理支持；或根据学生问题严重程度及时将其转介到相关专业心理咨询机构或心理诊治部门，并做好协同合作，回归保健和后续心理支持工作。

（3）监测心理健康状况。了解和监测全体师生的心理健康状况、特点和发展趋势，及时发现问题，有效监控、防范和应对各种突发事件，减小危机事件对师生的消极影响。

（4）营造心理健康环境。对有需要的教职工进行心理辅导和心理支持，提高其心理健康水平，营造积极、健康和谐的育人环境。举办心理健康教育宣传活动，帮助家长了解和掌握孩子成长的特点、规律和教育方法，协助家长共同解决孩子发展过程中的心理行为问题。利用学校心理健康教育资源服务社区，发挥学校心理健康教育的辐射作用。

为了保证心理辅导的效果，必须对心理辅导教师加强培训，提高从业人员的辅导水平和自身素质，在全面、系统地了解学生心理状况的基础上，及时发现学生存在的心理问题，有针对性地对学生进行心理健康教育，特别要对少数存在心理行为问题的学生进行认真、耐心、科学的心理辅导，帮助学生消除心理问题，保持心理健康。在心理辅导过程中，教师要树立危机干预意识，对个别有严重心理疾病的学生，能够及时识别并转介到相关心理诊治部门。

### （二）心理健康教育的非专门途径

#### 1. 学科教学渗透

学科教学渗透心理健康教育，是指教师在学科教学过程中自觉地、有意识地运用心理学的原理和方法，在传授学生一定的知识、技能，发展他们智力和创造力的同时，维护学生的心理健康，增强学生的心理素质以形成学生健全的人格。学科教学渗透是学校心理健康教育的重要途径之一。首先，学科课程本身包含心理健康教育资源。例如语文课、思想品德课都直接蕴含着丰富的心理健康教育内容，如著名历史人物遇到困难时的不退缩、面临挫折时的乐观心态、遇到矛盾时的宽容性格等，都为学生健全人格的培养提供了生动的素材。其次，学科教学过程也包含心理健康教育资源。例如，教师要了解学生应该具备的心理素质，如观察力、注意力、记忆力、想象力和思维能力，以及学生应该具备的良好品质，如乐观、宽容、合作、助人为乐、善良等，还应该掌握基本的情绪调控能力、人际交往能力和社会适应能力等技巧。这样教师才能在学科教学中有意识地渗透心理健康教育。

教学是师生之间、生生之间多向互动的活动。在这一特定的环境中，教师的课堂教学观与学生观、师生关系、课堂氛围、课堂秩序、课堂上教师的表扬与批评、教师对学生课堂行为的处理，以及学生之间的竞争与合作等，都将对学生的心理发展和心理健康产生重要的影响，而这种隐性资源的影响力甚至超过了学科课程本身的内容资源。

2.学生管理渗透

学生管理工作是学校工作的重要内容之一，是维护学校正常教学秩序，保证学生健康成长的基础性工作。完善有效的学生管理，对广大学生给予及时的教育、关心和保护，帮助广大学生成长成才，以及减少和避免伤害等方面发挥重要作用。班主任作为与学生朝夕相处的班级管理者，理应承担起心理健康教育的重要任务。通过心理健康教育、情感教育、意志锻炼、社会适应能力培养和其他各种心理指导、心理训练等方式，有计划地促进学生整体素质的提高和个性全面发展，维护学生的心理健康。

3.课外活动渗透

通过开展丰富多彩的班级团队活动，寓教育于活动中，引导学生在丰富多彩的集体活动中，提高认知水平，学会团结协作，从而健康成长。利用校园之声广播站、校刊、校报、墙报、手抄报等多样化形式，宣传普及心理健康知识。开展社会实践活动，开阔学生的视野，磨砺学生的意志，让学生经风雨、见世面，培养学生的社会适应能力。利用班级管理团队会辩论会、主题班会、心理健康互助小组、心理健康讲座、心理健康社团、心理健康月等灵活多样的形式进行心理健康教育，都能收到较好的效果。

4.学校环境优化渗透

校园环境具有无形的力量，是校园的隐性课程，对学生的心理感受、心理体验、身心发展，甚至对学生的学习、生活、交往、成长产生心理影响和行为制约。学校环境优化渗透心理健康教育主要表现在以下两个方面。一是学校的自然环境，即学校的主体建筑和布局、文化设施和景观、校园美化和绿化等，又称物化形态环境。例如，不同年级、不同教室颜色的设计、雕塑景观的寓意、墙壁上的心理健康名言警句、优秀的心理健康手抄报、心理漫画、校园里的小明星大道等形成隐性的教育功能，对学生的心理行为产生潜移默化的影响。二是学校的人文环境，即学校的校园精神、教风学风、校纪校规、人际关系等，又称非物化形态环境。例如，学校的育人理念、师生的精神风貌、良好的师生关系等对学生的自信、快乐、积极情感的培养具有重要意义。

此外，由于学生的心理健康发展受学校因素、家庭因素和社会因素的共同影响，因此，学校心理健康教育的实施除上述专门途径和非专门途径外，还需要家庭和社会的大力支持，建立一种以学校为主导，家庭、社会共同参与的心理健康教育网络，以促进学生的全面健康发展。

# 第三节　中小学心理健康教育模式的实施

本节将就中小学多元心理健康教育模式的八个方面，普及型的心理健康教育活动课、细致型的心理健康教育个别辅导、针对型的心理健康教育团体辅导、信息型的心理健康教育网络辅导、深入型的心理健康教育学科渗透、拓展型的心理健康教育社区服务、学习型的心理健康教育师资培训、科研型的心理健康教育课题研究，分别作详细的实施策略阐述探究，充分展示多元心理健康教育模式的具体实施办法与途径。

## 一、普及型的心理健康教育活动课

《指导纲要》明确指出："开设心理健康选修课、活动课或专题讲座。包括心理训练、问题辨析、情境设计、角色扮演、游戏辅导、心理知识讲座等，旨在普及心理健康科学常识，帮助学生掌握一般的心理保健知识，培养良好的心理素质。要注意防止心理健康教育学科化的倾向。"可见，活动课是推进中小学心理健康教育重要环节，如何把这"重要环节"贯彻落实？如何让心理健康教育活动课生动有趣呢？如何将心理健康教育普及开展呢？这直接关系到中小学心理健康教育的成效。

### （一）系统规划

根据当前中小学心理健康教育师资实际情况，可分为两种模式。

一是走班制。所谓走班制是指一名教师用同一教案到不同的年级上课。当学校只有一名专职的心理健康教育教师时，他不可能给每一个年级准备不同的课，即使利用现有的分好不同年级的心理健康教育教材，因为学生不同、自身教学目的不同，要他分别去修改、准备好的内容，也是有一定难度的。所以，采用走班制是一个可行的办法。另外，即使有多名兼职的心理健康教育教师，让一名教师准备好若干个精彩的教案到所有年级上课，是既可减轻教师负担，又能提高教学质量的好办法。

当然，实行走班制要注意以下两点。①设计的教案要具有通用性。虽然在同一学阶（小学、初中、高中）里，有很大一部分相同的地方，但由于年龄毕竟有差异，在个别心理专题教育上还是有差别的，所以在设计教案的时候，还是要注意不同年龄段学生的共同性，让学生得到恰当的教育。②设计教案要有系统性。因为是走班制，当前一个学期的教案不能放到下一个学期再用，否则会造成教学内容的重复。因此，从实行走班制教学开始，就应该系统规划教案的使用，每一个学期在不同的心理健康教育专题上选取不同方面的内容进行教学，只有这样，才能使学生既受到生动有趣的心理健康教育，又不至于有所重复。

二是年级制。在师资队伍容许的情况下，不同的年级采取不同的教案是最好不过的事情了。因材施教是教育教学永恒的指向，心理健康教育也不例外。针对不同年龄段的学生，运用与之相匹配的教案，让学生受到如沐春风般的教育，这是最有利于学生健康成长的"肥料"了。

在进行中小学心理健康教育活动课时，走班制与年级制不是独立、相对的教学模式，它们是相互配合、相互补充、共同促进的关系，在具体的心理健康教育课堂教学中，完全可以因应不同的实际情况，交叉、渗透运用，使心理健康教育更加具有实效性。

（二）丰富资源

丰富的心理健康教育资源，是上好心理健康教育活动课的关键所在。虽然现在有不少中小学心理健康教育的教材，但真正实用、好用的并不多，至于能选取材料、制作多媒体课件上课的教案更是少之又少。因此，单纯依靠现有的心理健康教育教材上好活动课是不现实的，只有在强大心理健康教育资源库的支持下，根据不同的主题，根据不同的学生，根据不同的需要，从资源库中选取恰当的材料，制作成引人入胜的多媒体课件，充分调动学生参与的积极性，从而达到心理健康教育良好的效果。

### （三）成立小组

成立学校心理健康教育小组，是普及中小学心理健康教育活动课，实施中小学心理健康教育，进行中小学心理健康教育研究的重要组织，它在学校心理健康教育中发挥着枢纽的作用。

一是有利于策划全校的心理健康教育事项，包括心理健康教育活动课。在学校心理健康教育小组领导、统筹、规划下，学校的心理健康教育工作将更加有序，也更加有效，对于活动课的安排也将更加科学。

二是有利于进行教研活动，特别是集体备课。在小组里，心理健康教育活动课的教案能汇集众人之所长，能凝结成员之精华，更加科学、有针对性。同时，由于小组的存在，备课的制度得到完善，教案得到保证，学校心理健康教育也自然得到保证。

### （四）不断积累

中小学心理健康教育活动课是一门很讲究教学艺术的课程。要想将心理健康教育活动课上好，多留一个心眼，多动一下脑筋，不断积累经验，是提高心理健康教育活动课水平的另一途径。

例如，一位教师在上了一个学期的心理健康教育活动课后，有以下感想："上课时要注意温声细语，让学生觉得亲切舒服。充满激情，让学生的注意力紧紧被你吸引住。表达语句要简练明确，连贯通顺。发音尽量标准。姿态端正大方，始终保持微笑。只有这样，一堂真正的'健康'课才能送进学生的心窝！"

又如，一位专职的心理健康教育教师在"久经沙场"后，深深感叹道："要上一节好的心理健康教育活动课，精心准备是前提；而要上一节出色的心理健康教育活动课，自己去备课最关键！"

其实，普及中小学心理健康教育活动课是从面到点的工程，只要在"面"上将课程规划好，将师资培训好，将资源准备好；在"点"上认真思考、积极主动、大胆创造，不断积累，备出好的教案，就一定能将活动课上好。

## 二、细致型的心理健康教育个别辅导

个别辅导在中小学心理健康教育中有着举足轻重的地位，《指导纲要》明确指出："个别咨询与辅导。开设心理咨询室（或心理辅导室）进行个别辅导是教师和学生通过一对一的沟通方式，对学生在学习和生活中出现的问题给予直接的指导，排解心理困扰，并对有关的心理行为问题进行诊断、矫治的有效途径。"如何将这"有效途径"变成真正的"有效"呢？细致辅导是其核心所在。

### （一）建立系统档案

学生心理档案的建立，是进行心理健康教育个别辅导的基础。将学生基本情况、家庭环境、成长背景、特别事件用档案的形式汇集起来，既可以让辅导员有一个准确、全面的认识，又可以及时补充，不断完善，随学生的发展变化而变化。另外心理档案还有一个重要作用，就是有利于嵌接。当他升到高一级的学校时，档案可以让新的老师迅速掌握他的情况，以便快速、准确地开展进一步的辅导。

建立档案的形式有以下两种。一是电子档案。利用有关心理软件，按其中的项目要求，详细登记学生的情况。电子档案有利于资料及时的更新，也便于及时地录入，使资料更加完整。二是书面档案。根据实际需要，设置学生姓名、年龄、性别、民族、籍贯、家庭成员、身体健康、长成历史、注意事件等项目，记录学生的基本情况。书面档案有利于随时调用、查阅方便，可以形成一定原始材料的积累，便于深入细致地开展个别辅导。

### （二）运用恰当方法

运用方法是否得当，直接关系到个别辅导的成败。哪怕辅导教师的出发点再好、责任心再强、心理学知识再扎实，如果辅导教师的不用"对口"的办法作为载体，让辅导对象顺心地服下去，何有"药力"？因此，方法是关键所在。

### 1. 环境要配合

环境与心情是息息相关的。范仲淹著名散文《岳阳楼记》中就深有感触："若夫淫雨霏霏，连月不开，阴风怒号，浊浪排空"，他就感到"去国怀乡，忧谗畏讥，满目萧然，感极而悲者矣。"而"至若春和景明，波澜不惊，上下天光，一碧万顷"，他又变得"心旷神怡，宠辱偕忘，把酒临风，其喜洋洋者矣。"环境对人的心境影响可见一斑。

深圳市桂园小学有设计独特、温馨舒适的心理辅导室，是进行细致型个别辅导的理想场所。当然，办公室门前的休息椅、教室里的小书桌、课室旁边的辅导室，甚至就是在走廊上，让教师随时"抓住"学生的一点一滴，进行细致的辅导。温馨和谐的氛围，通风透气的环境，可以让学生感到舒适、平静是成功辅导的前提。

### 2. 辅导态度平和

当你看到什么样的面容时会顿时觉得心平气和，如沐春风？毋庸置疑，是面带微笑、落落大方的平和态度。当辅导对象一看到，油然而生亲切之感，在此基础上，进行个别辅导时效果自然事半功倍。

### 3. 措施要得当

注意倾听、用心倾听是心理健康教育个别辅导的根基。它能使辅导教师了解来访学生的情况，发现来访学生的心理问题。同时，也有助于来访学生对辅导教师产生信任和亲切感。倾听可以说是个别辅导工作中的基本技术。倾听不仅仅是用耳朵去感知来访学生所讲的内容，更是用心去探索，去发现，能在其言语和非言语的表达中"听"出潜台词、话外音。当来访学生自觉或不自觉地避重就轻时，辅导教师还要从其谈话中"听"出主要问题。因此，辅导教师必须善于倾听，倾听时必须有言语或非言语方式的反应，鼓励并引导来访学生倾诉。此外，辅导教师还必须表现出有兴趣听、愿意听，做到耐心听、全神贯注地听。

对症下药是倾听的前提和结果。根据辅导对象的档案及当前的情况，辅导人员要从心理健康教育的"知识海洋"里，迅速寻找到解决问题的办法，并用鼓励的语气，告诉他实际操作途径，让他容易落实、执行。

（三）进行追踪辅导

教育是一项长久的事业，也是一项反复的事业，个别辅导也不例外。当辅导教师运用恰当的方法辅导学生成功改正某个缺点、解决某个问题时，不要以为从此高枕无忧，再次出现同样问题的事情是时有发生的，所以，辅导教师要做好随时随地追踪辅导的准备，及时发现他重新出现的表现、重新出现的原因，进一步采取有效的措施，耐心地予以纠正，只有这样才能达到彻底解决的目的。

## 三、针对型的心理健康教育团体辅导

团体心理辅导是一种在团体情境中提供心理学帮助与指导的重要方式，它是通过团体内人际交互作用，促使个体在交往中通过观察、学习、体验，认识自我，探讨自我、接纳自我，调整和改善与他人的关系，学习新的态度和行为方式，以发展良好的生活适应的助人过程。在学校心理健康教育中，有针对性地进行团体辅导，是解决师生心理健康教育问题，促进心理健康教育发展的有效途径。

团体辅导的方案设计并非凭空杜撰，亦非凭领导者个人兴趣之所好任意发挥，虽然方案设计并无统一格式，但是仍然必须考虑团体的性质、目标、设计的背景、适用的领域、设计的角色、领导的步骤，以及领导者专业素养等因素。在社会教育方案设计的领域中，常见的三种模式包括系统设计模式、自我导向设计模式及解放教育设计模式。三者各有其不同的立论基础、设计重点，但其设计内容大致包含方案的背景、方案的领域、哲学的基础、方案的观点、适用的范围、主要的论题及设计的步骤等。哈维·卡尔（Harvey Carr）认为"方案设计"（program planning）是活动进行时一种有组织的行动计划，以确保活动有效地进行。团体辅导的方案设计乃是运用团体动力学及团体辅导、团体咨询等专业知识,有系统地将一连串的团体活动加以设计、组织、规划,以便领导者带领成员在团体内活动,达成团体辅导的功能与目标。

### (一)方案设计的内容

方案名称宜清楚明确,使人一目了然,能够了解团体的性质、目标。活动地点应标示清楚,活动时间应有起讫日期,团体是常态性(每周一次)或密集性(一整天以上),参加对象的条件如何,也有必要加以说明界定。活动方式及其理论依据力求简要叙述、浅显易懂,亦即理论能落实生活化、活动化、实用化。更重要的是团体的总目标、次目标、阶段目标及活动目标,亦应在方案中加以陈述。若能将团体进行中的须配合事项、活动资源、成员应习作的家庭作业、时间分配、方案评鉴方法等状况注明清楚,更有助于成员及其他相关人员了解此团体。

### (二)方案设计的步骤

一般而言,方案设计的步骤涉及个人理念及习惯,因此并无一定的程序,但团体形成前的准备作业,方案设计是必要的一环,尤其是对成员背景及相关资料的搜集,甚为重要。一般而言,学者认为方案设计包括下列步骤。

1. 确定对象:哪些人是此次团体经验的主要对象?

2. 领导者到底要做什么? 即目标的制定:针对这群对象,了解与评估他们的需要,而后再决定所要设计的团体活动方案要达到什么目标。

3. 领导者要如何做? 即进行方式及活动的设计:设计和创造团体活动方案,以引发成员参与及分享。

4. 思考配合团体辅导进行时所需要的场地、设备及材料。若需要搭配其他领导者,则需要思考决定找谁,以及如何搭配等问题。

5. 将设计好的活动方案在同事之间或先行组成一试验性小团体辅导试用一次,与同事、督导者讨论试用的结果,再加以修正。

6. 准备活动进行的大纲和必需的材料。

7. 领导者的带领、成员的反应、活动的引发及累积的效果均会自然而然地影响着团体的过程发展。因此,同样的设计对不同团体实施时,可能会有不同的内容及结果出现。领导者需要准备一些备用的活动，视团体发展的状况来弹性调整原先的设计。

8.团体辅导结束时，领导者可以用问卷或其他方法来得到大家对团体辅导的反馈，以评估团体辅导是否达到了目标。

9.团体的反馈、自己的检讨等所有记录的资料均加以保存，以供下次改进。

例如，在挫折教育中，请看下面一个设计。

主题：买东西。

对象：小学中年级学生（平时害怕困难的，由5~8人组成小团体，以个人为单位去买东西。）

内容：马铃薯150克，铁钉54克，感冒通1盒，电脑用小风扇1个，《格林童话》1本。

给予钱财：120元。

让学生运用自己能力，通过乘公共汽车、走路、问路等方法，分别到不同商店，买好上述东西。当然，在出发前要做好安全教育，授予他必要的求生、防御技能。出发后，父母或老师可以采用暗地跟踪的方式，观察学生完成任务的经历。

完成任务后，集中小团体成员，让他们谈谈自己感受最深的地方，明白了什么，领悟了什么。辅导老师从中不断地给予他们肯定、鼓励，树立他们战胜困难的决心。这是一个实践与理论结合的团体辅导形式，孩子很乐于接受，效果也很理想。

## （三）方案设计的考虑

### 1.团体需求的考虑

领导者在方案设计前宜先了解此团体辅导的方案欲满足学生素质、区域文化、生活作息等因素。任何方案设计者或团体领导者都必须考虑社会文化背景，否则团体形成后，各方面的需求和问题都会接踵而至，究竟是成员的、组织的（主办者、赞助者、行政者）、领导者的还是有其他需求介入？同时也要考虑运用何种方法来确定需求？究竟是通信、调查、问卷还是访谈等。最后，也要考虑成员需求的个别差异性，不同的社会地位、人口、文化、教育、职业及婚姻状况的成员，参与同一团体的需求也有可能不同。

2. 团体目标的考虑

领导者在方案设计时欲呈现何种目标？何种抱负？何种理想？其任务与功能为何？目标是否清晰可测？目标与抱负是否源自需求的确认？目标、任务与功能的判断与评估是否经由适当的程序？方案设计与实施前是否可预期辅导成效？成效是否可实际测量评估？方案有无特色？

3. 文献模式的考虑

设计前是否已参考了过去同类型团体的方案？其实施效果如何？如何搜集文献？过去的方案是否适合运用于本次团体辅导？如何取长补短？本次团体方案的设计者、主办者、赞助者及领导者对过去的惯例、方案及模式是否了解、熟悉等。

4. 社会文化的考虑

团体辅导的领导者、设计者；从专业伦理的角度思考，自有其社会责任，故宜深思此方案是否符合组织期待？是否考虑文化特性？例如，学校辅导教师带领团体，设计方案时也要考虑社会性问题。若无法克服，对成员是一种伤害，对领导者也是一种挑战，当然对团体动力更是一种考验。

5. 实际运作的考虑

方案设计后实施上是否困难？对招生、甄选、宣传等工作是否有利？团体辅导实施的时间、地点、道具器材是否可以配合？方案的特色为何？是否能结合领导者的专长、个性与领导风格？是否能随时修正？有无替代的方案活动？

6. 方案影响性及成效评鉴的考虑

团体辅导结束后，如何进行评鉴？外在评鉴或内在评鉴？评鉴者为何人？领导者、设计者、成员或其他关系人？评鉴的标准为何？评鉴资料如何搜集？可否量化？评鉴结果对相关人员及单位影响为何？如何公布？评鉴和反馈内容是否出现未如预期的结果？如何处理？上述问题在方案设计时亦宜一并列入考虑。

团体心理咨询和辅导为参加者提供了一种良好的社会活动场所，创造了一种信任的、温暖的、支持的团体气氛，使成员可以以他人为镜、反省自己、深化认识，同时也成为他人的社会支持力量。团体心理咨询具有互相支持、集思广益、辅导效率高、疗效易巩固等特点，特别适于人际关系适应不良的人。团体心理咨询结合一定的针对个体的心理训练和辅导，对于提升人的心理素质和综合能力具有特别重要的意义。

## 四、信息型的心理健康教育网络辅导

### （一）中小学心理健康教育与网络结合势在必行

1. 中小学心理健康教育与网络结合是信息时代发展的必然产物

当今世界，人类已进入以信息网络技术为主要特征的知识经济时代。信息技术的飞速发展，极大地影响并改变着我们每一个人，特别是青少年的思维、情感、人格、生活方式、价值观念和行为方式等。互联网，作为信息技术中对大众生活影响面最突出的代表，具有开放性、多元性、自主性、广泛性、虚拟性、平等性等特性，对青少年的影响十分巨大。研究发现过多的卷入互联网或者病理性上网（pathological internet use，PIU）可能引起用户的时间管理或身心健康问题，并且，可能与周围的人或别的日常活动发生冲突。此外，经过 1 至 2 年的追踪性的研究发现，青少年的互联网使用对于孤独感的增加、社会支持的减少的影响相当明显。因此，如何将网络纳入中小学正面引导的方向，如何利用网络促进中小学心理健康教育，是摆在我们面前的一个既迫切、新鲜又实用的课题。

2. 中小学心理健康教育与网络结合是顺应新课程改革的要求

在《基础教育课程改革纲要（试行）》中明确指出："大力推进信息技术在教学过程中的普遍应用，促进信息技术与学科课程的整合，逐步实现教学内容的呈现方式、学生的学习方式、教师的教学方式和师生互动方式的变革，充分发挥信息技术的优势，为学生的学习和发展提供丰富多彩的教育环境和有力的学习工具。"

而当前中小学心理健康教育的研究，多数在内容的研究、课程的研究、方法的研究，至于在技术的革新方面、时代的应变方面，真正提出来研究的还不多见。在信息时代中，利用网络推进中小学的心理健康教育，这个不仅在省内，即使是在国内，也属于一个很新颖的课题，而且作为一个以科研为主、立足教师、帮助家长、服务学生的战略型课题，作为一个立足于实现课改要求的课题，更加需要研究。

随着时代信息化的发展，随着新课程改革的进一步深入，网络与心理健康教育将结合得日益紧密，在教师平时心理健康教育水平的提高、学生课余时间的心理调节、家长业余时间心理健康教育技术的促进中，占据主导作用。要使心理健康教育进一步广泛、深入、持久地开展，打破时间、空间的限制地铺开，网络在心理健康教育的领域中，必将发挥出更大的作用。这是时代的必然趋势，也是心理健康教育发展的必然结果。

3. 中小学心理健康教育与网络结合是推广心理健康教育的必要手段

全国著名心理学教育专家莫雷教授在《中小学心理健康教育》的绪论中指出：在内容上，以心理素质培养与心理健康维护两项任务为根本；在性质上，以发展性教育与补救性教育两项任务为方向。

要实现这两个任务，仅仅在面对面辅导层面上是不够的。特别在当前人人重视主科学习、人人重视考试成绩的情势下，当面解疑已经变得越来越小，但是学业的繁重又导致师生的心理健康水平越来越差，而且很多人在心理需要辅导时，又往往由于害怕别人知道他"有毛病"，不敢直接面对辅导者，不敢直接进入心理咨询室，致使"病情"延误。怎样解决这一疑难呢？网络化的心理健康教育恰恰弥补了这一缺陷，让人们在互不见面的情况下，互相交流，解决问题。如此一来，参与心理健康教育的人必然越来越多，大大有利于心理健康教育的推广。

当然，在网上论文交流、情况互通等方面，也可以充分发挥网络大量性、快速性的特点，进一步促进心理健康教育的发展。

### （二）中小学心理健康教育与网络结合重大意义

1.在实践上，探索出一条全新的心理健康教育道路

通过一系列的活动，切实提高教师心理健康教育水平，提升家长心理健康教育能力，促进学生心理健康发展，从而全面落实心理健康教育内容，推动心理健康教育的整体发展，为心理健康教育摸索出一条全新的实践道路。

根据网站积累起来的内容、材料，分类汇编成各类子集或光盘，如优秀心理健康教育论文集、心理咨询成功个案集、优秀心理健康教育教案集等，为更广泛开展心理健康教育提供参考资料，从而推动心理健康教育的纵深发展，这也可以说是网络心理健康教育的延伸。

2.在理论上，总结出一套利用网络进行心理健康教育的方法

在活动开展的过程中，创造、总结出一套利用网络开展心理健康教育的实用方法，为信息化时代缔结出一条新的心理健康教育道路，也为其他学科同类型的研究提供借鉴。特别是在如何将学科与网络有效结合起来，将做出非常有益的探究。

### （三）中小学心理健康教育与网络结合操作途径

1.建设中小学心理健康教育优秀教学资源库

建设中小学心理健康教育优秀教学资源库正是顺应这种形势的需要，全面、系统地收集中小学心理健康教育内容，按照科学的方法进行分类，为心理健康教育提供素材、方法、途径、评价等，有力地促进心理健康教育稳步发展，成为心理健康教育的坚实支撑。

2.开展网上心理咨询活动

利用手机短信平台、心理论坛、心理社区、心理聊天、心理留言、心理电子信箱等各种网络形式，开展多方位、高效性的心理咨询活动。在这些形式里，咨询者可以完全避免由于害怕别人知道其身份而造成的隐瞒、恐惧，放心地在网上将自己的情况倾诉出来，让辅导者真实地掌握情况，从而准确地进行诊断。然后通过后台强大的心理健康辅导组讨论，形成切实可行的解决办法，为咨询者送上最好的"良方"，这是其他辅导形式难以做到的。

3. 设立专题，资料明晰

在心理健康教育研究领域里，需要区分许多个项目进行探索，如观察力培养、思维能力训练、意志品质教育、考试焦虑、多动症等。网站上专题栏目的设立，可以把相关的文章、材料放在一起，查找起来一目了然、线条分明，大大提高研究的效率。

在同一专题里，如果材料积累到一定的数量，编辑丛书将会显得轻而易举，也大大促进心理健康教育研究的实效性。因此，专题栏目的出现，确实为心理健康教育注入了一股新鲜的活力。

4. 搜索系统，简单快捷

心理健康教育作为我国一个较新的项目，查找相关的研究材料自然必不可少。在网站内设立搜索系统，将为查找资料插上方便的翅膀，只要输入关键词语，鼠标一点，马上出来一大堆内容，为相关研究提供了帮助。当然，这个搜索系统不仅是为寻找资料而设的，同时也为查找某人的作品创设了快速通道，只要输入作者名称，马上可以找出此人在本站发表的文章。

5. 在线心理调查与心理测量

在线心理调查可以让更多的人参与到心理健康教育的阵地上，也可以让更多的人了解当前一些心理健康教育热点问题并发表看法，提高人们对心理健康教育、心理健康问题的认识。

在线心理测量在心理学研究中，显得尤为重要。它虽然没有心理测量专用软件的权威，但对于普通大众来说，不失为一种很好的心理疾病诊断形式。通过简单的测量，可以为自己的言行、性格作一定程度上的估量，然后有针对性地采取一些措施，促进人们心理健康水平的提高。

心理调查与心理测量的结果，在不少地方还可以为辅导者提供宝贵的参考，为辅导者进一步实施心理健康教育锦上添花。

6. 心理快讯，情况互通

各地、各校开展心理健康教育的情况怎样？哪些学校将要进行心理健康教育活动？如果仅仅采取书面通信的形式，可能显得非常缓慢，网络则可以大大弥补了这一缺陷。它的及时性、快捷性，让人们第一时间就知道各地心理健康教育的情况，第一时间收到各校心理健康教育的活动通知，为心理健康教育注入无穷的动力。

中小学心理健康教育与网络结合的研究呈现出来的可喜景象不得不令人感到欢欣鼓舞，完全有理由相信，当中小学心理健康教育插上网络的翅膀，中小学心理健康教育一定会飞得更高、飞得更远！

## 五、深入型的心理健康教育学科渗透

《指导纲要》指出："要把心理健康教育贯穿在学校教育教学活动之中。要创设符合心理健康教育所要求的物质环境、人际环境、心理环境。寻找心理健康教育的契机，注重发挥教师在教育教学中人格魅力和为人师表的作用，建立起民主、平等、相互尊重的新型师生关系。班级、团队活动和班主任工作要渗透心理健康教育。"

也许学校的科任教师会认为心理健康只是开设心理健康教育课，开展心理辅导、咨询等活动，是心理教师和班主任的事，与己无关，这是不对的。

应当明确，心理教育是整个教育的基石。"心理是客观现实在人脑中的反映。""人的一切心理现象。从简单的感觉、知觉和复杂的想象、思维、动机、兴趣、注意、情感、意志、性格等都是对客观世界的反映"，而且"人的一切心理现象，一切反映形式都是在实践活动中，在劳动、学习、游戏中，在同别人的交往中发生和发展的。"可见，青少年学生的生活、学习、交往等一切活动都与其心理紧密地联系在一起，教育教学活动无不与学生心理的发生发展密切相关。当将教学改革向深层次发展时，无论在教学目标、内容或是方法手段上都不能不触及对心理领域的探索。有的人认为，对心理健康教育的认识也是教育思想、观念问题。当教学观从"双基观"到"智能观"到后来提出强调非智力因素，最后形成全面素质观的过程，可以看到，新的教育观念逐步体现传授知识之外重视开发智力，培养人的兴趣、情感、意志、个性、形成健全的人格，越来越从心理的层面上开发人的巨大潜能。从这个意义上，怎么能说学科教学与心理教育无关呢？

可以从以下方面在学科教学中渗透心理健康教育。

## （一）激发学生兴趣

学生是学习的主体，任何一个教育教学活动如果没有学生积极主动的参与其中，是不可能取得好的效果的，更重要的是在生命进程中以学习为主要内容的学生如果缺乏学习的内在动力，将带来一系列不良的心理问题，因此激发学生主动学习的心理能力，使学生愿学、好学、乐学，是教学工作的出发点。

兴趣在学习动机中处于中心地位，是心理动力中最活跃的成分。汉斯·爱因斯坦（Hans Einstein）说："兴趣是最好的老师。"本杰明·布鲁姆（Benjamin Bloom）也说过："最好的学习动力是对学生材料有内在的兴趣。"当学生对学习发生兴趣时，就会产生强烈的求知欲，对学习对象高度注意、认真观察、积极探究思维，想方设法克服困难，不惜花费时间和精力，乐此不疲，丝毫也不觉得是一种负担，也不觉得苦。相反的，学生对学习毫无兴趣，必然产生厌学情绪。

长期以来，广大教师积累了激发学生学习兴趣的许多宝贵经验，具体方法如下。

第一，让学生经常获得成功的体验，会激发不断学习进取的兴趣。成功教育的模式正是让所有学生发挥自己的长处，在自己原有的基础上不断进步，不断获得成功，从而增强自信心和对学习产生浓厚兴趣。

第二，"新、奇、变"强烈刺激学生好奇心和求知欲。所以教学上应克服单调、枯燥和简单的重复，而应求新、求奇、求变，吸引学生攀登一个个学习的高峰，在"跳一跳、摘得着"的不断努力中获得无穷的乐趣。

第三，引入新课时，创设情境，制造悬念，是引发学生主动探求新知，亲自去感受，理解知识产生和发展过程的好办法。巧妙设疑，是引发学生积极思维的重要手段。

第四，多种教学媒体的灵活运用，常使教学丰富多彩，引人入胜。

第五，让学生动眼、动手、动口，亲自参与教学过程，是使学生保持学习热情的重要途径。

第六，亲其师，才能信其教，教师的高尚人格魅力是吸引学生乐于学习教师所教学科的妙方。

激发学生学习兴趣的方法很多，不胜枚举。每位教师都可以根据教学环节特点，根据教学内容的要求，创造性地设计增强学生学习能力的好方法。不过，有一项工作是全体教师都应当协同做好的，那就是培养学生的志趣。墨子说："志不强者智不达。"诸葛亮也说过："志当存高远""非志无以成学"。学生树立远大志向和崇高理想是自觉学习的稳定而强大的心理动力。全体教师要善于寓教育于教学之中，潜移默化地使学生树立正确的世界观、人生观、价值观，从而使学生对学习的兴趣、乐趣逐步向高尚的志趣发展。

## （二）开发学生智力

传统的学科教学以传授知识为主要任务，把学生作为储存知识的容器，这不利于学生发展心理认知能力。现代教学观认为知识既是目的，又是手段，在教学中，应当让学生"感受，理解知识产生和发展的过程。"所以教师应根据智力的内涵，讲究教学艺术，让学生自己观察、自己探索、自己动手操作、亲自实践，引导学生展开丰富的想象和联想，鼓励学生自己发现问题，提出问题，并进行发散性思维，从而达到开发智力的目的。

例如、在英语课，我们用歌声让学生感受到快乐，用音乐让学生品尝到健康。老师在恰当的时机，插播一些学生喜欢的英文歌曲或儿歌，如：在教授 PEFC 版小学英语 Book2（Unit2 Fun with Koko）时，可朗读韵律强的儿童诗歌（You're my friend），配合肢体动作，形象地对 big、fat、thin、short、tall 这些本课的重点词汇产生直观的认识，在学到知识的同时，有意识地让学生欢快齐诵，让他们沉浸在优美的节奏中，体验到生活的愉悦，感受到人生的快意，达到既开发智力，又学到知识的目的。

在教学中要重视教与学的紧密结合，重视对学生的学习指导，让学生学会学习，尤其要注意提高学生的元认知能力。元认知能力是指对自己的认知过程的再认知的勇力，是个人对自己认知过程的自我反思、自我评论，自我调节。也就是说，应该让学生对"认知"有一个全面的正确的认知，进而做到自觉地审视自己的学习过程的方法，自觉地选择最佳的学习策略，自觉地调控自己的学习，打好良好的心理能力基础。

### （三）增强自我意识

既然让学生主动是素质教育的基本要义，那么增强学生的自我意识就是素质教育的极为重要的任务。教师应教书以育人，在自己的学科教学中，发挥主导作用，努力去激发学生树立主体意识，使其善于认识自我、发现自我，并且提高自我评价、自我教育、自我调适、自我控制的能力。

培养学生自我教育能力，不仅体现在学科的学习当中，而且要体现在培养学生良好品行和性格品质方面，体现在学生情绪、行为的自我调适、自我控制方面。外因要通过内因起作用，教师要善于运用自己的教育智慧，引导学生自身面对内部的心理矛盾冲突，用正面的道德认识、道德情感去战胜和克服消极的错误的心理。著名教育改革家魏书生把学生自身内部力量称为自己的"助手"，他认为，有经验的教师，就要循循善诱地援助学生脑子中的正义之师，使它壮大，使它坚强，调动它战胜不义之师。这样就把师生之间的正确与错误的斗争转化成学生自己心理战场上正确与错误的斗争。他善于通过让学生写日记、周记、格言、警句、座右铭、自我反省、自我评价、自我调控心态的办法达到不教而教的目的，产生了润物细无声的良好效果，这同那种简单说教、体罚、讽刺打击、简单的批评训斥、处罚的做法，形成鲜明的对比。在教育教学中发现学生犯错误、有缺点、遇到困难或挫折、遭到失败或干扰，不一定是坏事，它往往是很好的教育契机，是对学生进行心理训练的好机会，要善于让学生在各种复杂的逆境、困难和挫折的情况下进行自我调适，经历自身矛盾斗争的心理体验，才能不断地增强意志力和坚韧不拔的毅力，增强抗压能力、忍耐力和克服困难、艰苦奋斗的精神。在学科教学中，培养学生的自我意识，自我教育的能力往往是潜移默化的，这正是学科渗透心理健康教育的极致。

### （四）建立民主关系

在第三次全国教育工作会议上，江泽民同志在阐述培育民族创新意识和培养创造性人才时，特别强调："每一所学校，都要爱护和培养学生的好奇心、求知欲，帮助学生自主学习、独立思考，保护学生的探索精神、创新思维，营造崇尚真知、追求真理的氛围，为学生的禀赋和潜能的充分开发创造一个宽松的环境。"在谈到师生关系时，他又指出："学校的校长和教师，在精心培育人才方面负有特殊的责任，既要严格要求，又要平等待人，更要善于发现和开发蕴藏在学生身上的潜在性品质。教师和学生之间要相互学习、相互切磋、相互启发、相互激励。这也是我们中华民族自古就有的教学相长的一个优良传统。"这些论述，使人们清醒地意识到教育环境和育人氛围对学生健康成长的重要性，而在环境和氛围的诸多因素中，师生关系是最重要的因素。在学科教学中，教师至少应该在以下几个方面发挥主导作用，为营造宽松、和谐、民主的育人氛围而努力。

第一，以素质教育的观念和现代学生观为指导深化教育改革。如墨守陈腐的教育观念，以培养少数人升学为目的，以考试成绩作为评价学生的唯一标准，则只能制造大批的失败者，毛泽东同志曾斥为与学生为敌、摧残学生的模式，其教育氛围必然是沉闷、刻板、缺乏生气的，是制造学生心理问题和心理障碍的根源，所以教师要从根本上转变教育观念，彻底向素质教育转变。

第二，在具体的教学设计上，要坚持教学民主，解放学生的大脑、口、手，为学生主动生动地学习创造条件，提供活动空间、物资设备、自主学习的机会和时间，尤其提倡学生提出问题，鼓励学生超过老师，也允许学生有缺点、有错误，提倡教学相长，在教学评价上改变以固定僵化的"标准答案"束缚学生，克服以绝对化、一刀切的做法扼杀学生的个性和创造性。

第三，教师应以自身良好的心理素质和高尚的人格水平率先垂范，这是营造良好氛围的关键，教育具有以灵魂塑造灵魂，以人格培育人格的特点，所以教师的心理状况对学生的影响极大。例如，教师敬业乐业，对工作高度负责，热爱学生，必然对学生产生正面的影响；相反一个不负责任，对学生冷酷无情的教师无疑是在摧残学生的心灵。教师的性格是稳重还是暴躁，精神是振作还是沮丧，兴趣广阔还是狭隘，情绪是高涨还是冷漠，意志是坚强果断还是懦弱犹豫；生活是有条不紊还是杂乱无章都对学生的心理产生正、反不同的作用，教师在施教的过程中对待学生的情感、态度、语言、眼神、一举一动都牵动学生的心，真"一言一行总关情"。对此，教师不能有丝毫掉以轻心。

### （五）坚持因材施教

因材施教，这是老生常谈的话题，但在心理教育领域，还是不得不强调的一个基本法则。面对一个个存在个性差异的活生生的学生，搞一刀切和平均主义的教育是不可取的。在共同的培养目标下，应根据不同学生的个性差异，提出不同的要求，采取不同的教育教学方法。具体应注意以下几点。

#### 1.深入了解学生的个性特点

教师在学科教学中往往只停留在分析学生学习成绩的差异上，就了解学生个性差异来说是远远不够的，还要了解学生在认知风格上的差异、在元认知能力上的差异等。此外，教师还应了解学生的气质特点、性格等方面的特点，再深入一步，还应了解男女同学的差异和不同家庭背景学生差异（如独生子女、单亲家庭子女、贫穷或富裕家庭子女、父母职业不同的家庭子女等），最好应建立学生的心理健康档案、个性特点的档案，至少让教师对每个学生的情况做到心中有数，这是因材施教的基础。

#### 2.依据学生不同的个性提出不同的教育教学要求

教学要求切忌整齐划一，搞平均主义。蔡元培讲得好："与其求划一，毋宁展个性。"具体来讲有三个方面的含义。一是要求程度，根据不同学生在心理动力、心理能力、性格感情等方面的实际发展水平不同，从其"最近发展区"出发，提出学生经过努力可以达到的不同要求。二是矫正要求的内容方向不同，每个学生个性上的弱点、缺陷、心理问题、障碍不同，所以应有针对性地提出不同的矫正防治要求。三是发展方向的要求不同。根据个性优势与特点，让学生向着最佳的方向去发展。

3. 依据不同的个性特征采取不同的教育方法

《论语》记载着孔子因材施教的典型例子：子路和冉求都问孔子同一个问题"闻斯行诸"（听到了就要做吗？），孔子对两人作了不同的回答，原因是"冉求的个性常常退缩不前，所以我鼓励前进，子路一个人的胆子有两个人那么大，所以我对他抑而退之。"道理很简单，可做起来不容易。需要教育者有广博的知识和丰富的经验，要善于综合运用心理学、生理学、教育学、社会学、信息学、生物学、行为科学和精神医学、营养学等学科理论知识，本着一颗热爱学生的心，发挥自己的教育智慧，讲究教育艺术，才能真正做到有针对性，具有时效性。只要教师努力学习，认真实践，就能成为名副其实的"人类灵魂的工程师。"

## 六、拓展型的心理健康教育社区服务

2001 年 11 月，教育部首次召开了全国社区教育实验工作经验交流会，这标志着我国社区教育由以青少年校外教育为内涵开始全面转型，迈上了具有完整和本质意义的社区教育发展之路。心理健康教育作为社区教育的重要组成部分，在社区教育中的作用不容忽视。

### （一）取得各个部门的支持

在社区中进行的心理健康教育非传统学校教育，它以建设社区、发展社区为宗旨，以服务社区民众、提高社区成员素质和生活质量为本，因此社区心理健康教育工作必然超越学校，必然渗透到社区建设、发展和社区广大民众生活之中，是学校、家庭、社区教育的综合。在社区心理健康教育这个大舞台上，领导管理体制优化很大程度上取决于主管与配合的协调一致，具体体现在"四力"上：①同心协力，即对社区心理健康教育形成共识，大众的事大家办；②各尽其力，即按角色定位，以角色明职责、担任务，各负其责；③凝聚力，即以制度为纽带，共同把握社区心理健康教育现状，研究商讨需要解决的主要问题，共同开展一些大的活动，尤其注意策划有利于多部门参与的活动；④统筹力，即政府应加强统筹力度，重视过程、重视结果，真正让政府统筹、教育部门主管、学校积极配合的领导管理制度在社区心理健康教育推导中发挥强有力的组织保证作用。

2004年、2005年，深圳市桂园小学多次走上街头为社区群众义务进行心理咨询，为有需要的人们及时提供帮助，扩大心理健康教育的影响，让更多的人了解心理健康教育现状，明白心理健康教育的重要性。

### （二）以家庭教育为主要突破口

《指导纲要》指出："积极开通学校与家庭同步实施心理健康教育的渠道。学校要指导家长转变教子观念，了解和掌握心理健康教育的方法，注重自身良好心理素质的养成，营造家庭心理健康教育的环境，以家长的理想、追求、品格和行为影响孩子。"在社区中，家长是与学校联系最紧密的群体。由于自己的小孩在学校中读书，家长们都渴望了解孩子的情况，都想知道怎样才能更好地教育小孩，因此他们都有迫切学习心理健康教育知识的愿望，当然也能配合学校做好社区心理健康教育的工作。以家庭教育为突破口，可以做到以点带面，更好地推动社区心理健康教育扎实开展。

### （三）遵循基本原则

社区心理健康教育属教育范畴，自然会沿袭教育的方式，往往采用班级集中授课制，我们所说的教育培训即以教师、课堂、书本为中心。其实社区心理健康教育更强调教育活动。只有通过积极的教育活动，才能将社区心理健康教育不断推向深入；也只有通过丰富多彩的活动，才能增强社区心理健康教育的吸引力和凝聚力，取得应有的效果。那么什么是教育活动？笔者以为凡具有教育意义或起教化作用的，通过一定组织形式开展的活动均应称之为教育活动。而各种教育活动的策划应遵循以下基本原则。

第一，教育活动的主体性、广泛性。社区心理健康教育的主体是社区成员，社区心理健康教育活动能否激发社区成员的主体意识，形成最大范围的兴趣，关键在于群众。为此，社区心理健康教育活动的策划者一定要树立服务观，着眼于社区成员的踊跃参与，要认识到社区心理健康教育本身就是社区发展的重要内涵和体现，社区发展是一种教育过程；要变教育赐予为教育服务；

要掌握社区成员的现实需求和他们的生理、心理特点并有效满足，切忌形式主义。

第二，教育活动的生活性、享乐性。陶行知先生说过："我们的真正指南针只是实际生活。实际生活向我们供给无穷的问题，要求不断解决。我们朝着实际生活走，大致不至于迷路。"这为我们社区心理健康教育活动指明了方向，即"朝着实际生活走"，社区成员"总是不停地'进入生活'，不停地变成一个人"。人们的物质生活、精神生活、政治生活会"供给无穷的问题"，帮助这些问题得到不断解决，不正是社区心理健康教育活动的出发点及其归宿吗？通过非强制性的形式，使教育从庄严的殿堂回归生活世界，让社区成员切实体验到在生活中享受教育，有意义地利用好工作时间、闲暇时间，这正是社区心理健康教育的魅力所在。

第三，教育活动的普及性、提高性。社区心理健康教育活动不但要关注有小孩家庭的教育的需要，而且也要关注成年人心理健康教育知识的追求，达到共性与个性、普及与提高相结合，因人制宜，雅俗共赏。对有较高层次需求的人群适时提供教育服务，特别是个别化、个性化服务；使大众的普及教育活动，也跟随时代，以全球化、国际化、信息化为背景，在广泛普及的基础上不断提高品位。

第四，教育活动的多元性、生动性。多元性是指活动内容广泛、丰富，渗透到社区生活的方方面面，有显性的，也有潜在的；有需求的，也有导向未来的；生动性是指活动形式生动活泼，以提高综合素质和质量为宗旨，使参与者乐学、想学、爱学。

## 七、学习型的心理健康教育师资培训

教师队伍的建设在心理健康教育中起到至关重要的作用。《指导纲要》明确指出："加强师资队伍建设是搞好心理健康教育工作的关键。学校要逐步建立在校长领导下，以班主任和专兼职心理辅导教师为骨干，全体教师共同参与的心理健康教育工作体制。专职人员的编制可从学校总编制中统筹解决。统筹安排中小学专职心理辅导教师专业技术职务评聘工作。根据学校实际情况，可聘请一定数量的兼职教师或心理咨询人员。"因此，在中小学心理健康教育中，培养学习型的师资培训体系，是一项重要而有效的措施。

（一）统一培训认识

在中小学正确实施心理健康教育的前提是，教师要"具有较全面的心理学理论知识和进行心理辅导的专门技能以及提高自身良好的个性心理品质"。首先，具备基本的心理健康教育知识，是实施中小学心理健康教育的前提；如果连最基本的知识都没有，心理健康教育从何谈起？其次，在"进行心理辅导的专门技能"方面，也就是对学生进行心理辅导的技巧方面，也要有一定的能力。最后，"自身良好的个性心理品质"是对教师自身提出的要求，要教别人健康，首先自己要健康。

不仅个人要认识到心理健康教育培训的重要性，而且各单位、各部门也要认识到对教师进行心理健康教育的必要性。正如《指导纲要》所讲："各级教育行政部门要积极组织对从事心理健康教育教师的专业培训，把对心理健康教育教师的培训列入当地和学校师资培训计划以及在职教师继续教育的培训系列。培训包括理论知识学习、操作技能训练、案例分析和实践锻炼等内容。通过培训提高专、兼职心理健康教育教师的基本理论、专业知识和操作技能水平。"

（二）制订详细计划

根据教育部在《指导纲要》及其他相关的文件精神，结合本校的实际，制订本校的培训计划，明确规定老师们要统一认识，深刻意识到心理健康教育培训的重要性与必要性，做到服从安排、认真上课、完成任务，以一项有用、好用的工作来完成。培训内容要安排周详，每位主讲人都要做好培训的充分准备，不能流于形式，不能马虎了事。每位参加培训的老师要认真学习、做好笔记、刻苦训练，依时完成各项培训作业；并且要以精益求精、勇于探索、积极进取的态度，进行创造性的学习活动。每一个培训内容负责人要做好监管工作，督促每位参加培训的老师专心学习。还要做好记录，不弄虚作假。要求学校领导带头参加，做好表率作用，为老师们树立榜样，也为校本培训的真正落实提供保障。

### （三）落实培训制度

有了一个切合实际的计划，也就为顺利完成任务铺好了主线。但光有计划，没有监督落实的机制，计划往往会成为一张空纸。正是深深认识到这点，所以从一开始订计划时，也要制定出周密的培训制度。培训制度具体如下。

第一，考勤制度。每一次的培训，学校都制定培训人员签到表，严格执行考勤管理。在考勤制度中明确规定：不准迟到，不准早退，不准请假，凡是违反这"三不"规定的，一律作没参加培训处理；不准请人代签；不得事后补签；不能到学校领导处求情。有了这一规定，教师们都自觉起来，早早来到会场参加培训。

第二，听课制度。要求每次来参加培训的教师带好笔记本，仔细做好听课记录，如果没带笔记本来的，当次培训不算；上课期间，不能交头接耳，不能趴下睡觉；专心听讲，大胆思考，积极回答主讲教师的提问，共同参与研讨，提高听课效率。

第三，作业制度。每次进行一项培训后，都要求教师们完成规定的作业。要求教师在听完后，都要写一篇不少于 500 字的心得体会，而且要求打印好。教师们反映，因为要写心得体会，所以会专心听讲；经过自己的消化、思考，在写出心得体会后，认识更加深刻，收获也更加明显。

第四，小结制度。学校在每次培训后，都会根据培训的情况、教师的心得体会，进行一次全校性的培训小结，总结这次培训的得与失，反思以后开展这样类似的活动该如何做才更加有效，在哪些环节处理上采取哪些措施更恰当。正是有了这样的一种机制，才能使学校的培训工作越做越好，老师越参加越有兴致。

第五，档案制度。资料的积累与收集，对于培训工作也是相当重要的。建立了校本培训专用文件夹，收集各个校本培训的相关材料，分类管理，科学编排。其中文字材料、图片材料、影像材料要齐全，有利于教师查阅与反馈。

### （四）培训形式多样

要想普及中小学心理健康教育，师资队伍的建设是必不可少的。从多个方面培养专职、兼职的心理健康教育教师，是促进心理健康教育的重要力量。

一是系列培训。例如，广东省中小学心理健康教育指导中心举行的Ａ、Ｂ、Ｃ三证系列培训，根据严密的教学计划，聘请经验丰富的专业心理学专家、教授，将系统的心理健康教育理论知识与生动的教育实践结合，对教师进行有针对性的培训，是提高教师心理健康教育水平的好方法，有力促进中小学心理健康教育的发展。

二是专题培训。针对中小学心理健康教育某个方面的专题，邀请富有经验的专家对教师进行讲解、指导，也是提高教师心理健康教育行之有效的办法。

三是研讨会。各种类型、大小不一的心理健康教育研讨会，从各个方面、各个角度就当前心理健康教育问题进行广泛的交流、研讨，有利于学校、辅导人员汲取经验、取长补短，是培训教师、促进心理健康教育发展的重要一环。

四是讲评结合。利用公开课的形式，或请专家请来上示范课，相关教师从中学习、领会先进的教学理念、教学艺术；或者由本校教师上心理健康教育活动课，课后由专家进行点评，在评课中领悟设计的技巧、教学的方法。

当然，到富有成效的学校、单位参观学习也是一个教师培训的途径，同样能在各个方面，特别是平时档案建立、教学常规等方面能得到启发。

## 八、科研型的心理健康教育课题研究

课题是对某个心理健康教育问题进行集中、系统、有针对性的研究，它是解决心理健康教育难点与焦点问题的重要途径，也是促进心理健康教育发展的重要方法。

教育部在《指导纲要》指出："加强心理健康教育的教研活动和课题研究。学校在进行心理健康教育时，要从学生实际出发，强调集体备课，统一做好安排。要以学生成长过程中遇到的各种问题和需要为主线，通过教研活动，明确心理健康教育的重点、难点，掌握科学的教育方法，提高心理健康教育的质量。坚持理论与实践相结合，通过带课题培训与合作研究等方式，推广优秀科研成果。""加强心理健康教育的课题研究与科学管理，特别要注重心理健康教育与德育、与人的全面发展关系的研究。各级教育行政部门对此项工作要给予大力指导，积极支持科研部门广泛开展科学研究活动，保证心理健康教育工作科学、健康地发展。"

在进行心理健康教育课题研究时，必须采用严格的科研方法，遵循科研规律，一丝不苟地策划、执行实验，真真正正针对心理健康教育问题的方向，寻找心理健康教育前进的路子。

## （一）选准研究方向

### 1. 价值

价值准则包括两个方面：应用价值与理论价值。

（1）教育科学研究选题的应用价值十分重要。应该优先选择当前心理健康教育实际工作中最迫切、最亟待解决、最关键性的问题作为课题进行研究。

（2）教育科学研究选题的理论价值很重要。目前，我国教育科学的理论研究落后于教育改革和教育建设的需要。在心理健康教育实践中，有许多新情况、新问题亟待教师去研究、去探索，给予理论上的回答。

### 2. 创新

教育科学研究选题的"创新"准则，是指选择那些具有创造性内容的课题。科学研究是一种创新的过程，是一种探索未知的过程。科学研究的特点之一是创新，探索是科研的特征。教育科学研究选题必须遵循"创新"这一准则。创新的选题，可以体现在以下几方面：具有时代感、内容新、角度新。

### 3. 可行

教育科学研究选题的"可行"准则，是指在选题过程中必须考虑研究课题实现的可能性，也就是要对选题必须具备的主观条件和客观条件进行详细的分析并做出科学的判断。不遵循可行性准则选题，选题可能成为纸上谈兵，在研究过程中可能会遇到无法攻克的难关，而不得不中止该课题的研究，造成人力、物力、时间的浪费。因此，须特别注意如下几点：①选题是否可行，必须考虑研究者个人的具体情况；②课题组成员的结构是重要的组织保证；③看科学研究工作者是否抓住了关键性的时机；④需要考虑时间因素。

4.准确

教育科学研究选题要准确，是指选题的概念及表述要准确。

### （二）制定实验方案

实验方案是开展课题研究的行动计划和安排，是为了达到研究目的，验证研究假设，而对课题研究过程的实施方案所做的设计，绘制的科学施工蓝图。研究设计是开展课题研究的行动计划过程中极其重要的一步。研究设计的主要内容有以下几方面。

1.研究目的与假设

科研课题的研究目的，是科研工作的出发点和落脚点。它表明了一项课题的研究宗旨、研究意义、研究价值和研究预计达到的目标。确定研究目的，必须遵循应用性、科学性和可行性原则。

2.研究方法与对象

研究方法主要有观察法、问卷法、调查法、实验法、教育测量法、经验总结法、文献资料法、行动研究法等。各种方法都有其长处与局限性，这需要我们根据具体的研究目的和具体条件加以认真选择确定。在一项课题研究中，往往有一种主要研究方法并辅之其他研究方法和手段。

研究设计的格式如下。

一是问题的提出：要明确、简要地指出"为什么要开展该项课题的研究；研究的依据或背景材料；研究的意义；研究的目的；研究的假设"。

二是研究方法和对象：研究的具体方法；研究对象及取样方法。

三是研究内容和指标：要写明课题研究的变量及它们的抽象定义和操作定义，制定衡量因变量的指标体系，选择或编制观测指标的研究工具与材料。

四是研究程序（步骤及时间安排）。

五是研究的组织与管理体制。

六是研究结果的预想设计：如该课题研究，如果需要进行定量分析，则需要在此将研究结果的定性分析项目和定量分析的统计表设计好。

七是附件：有关测验题、问卷题等研究工具与材料，以及参考资料、活动计划、典型事例、经费开支等。

### （三）落实研究措施

#### 1.制订一份课题学期计划

根据课题总方案的内容，按照课题相关的阶段及进度，结合本学期与本课题有关的工作事项，制订本课题本学期的执行计划。在本学期，科研工作应该以抓实效为中心，深入研究课题与具体教学活动结合的方法，深入分析课题落实的办法，深入推广课题的有用经验。

#### 2.举办一项课题学期活动

课题是否顺利开展，关键还是要靠活动来体现。每个学期认认真真地组织一项课题活动，是进行课题研究的一个必要方面。

组织活动时，尽量做好以下几个方面的工作。一是仔细分析当前课题研究的动态与最新方向，紧扣新课程改革内容，拟定出活动的主题。主题既要体现课题的相关内容，又要具有一定的新颖性。二是制定本次活动的具体实施方案，它包括举行的目的、时间、地点、执行步骤、活动方式、效果分析、反馈情况、使用工具等。三是举行活动时，尽量邀请专家到场指导，提高活动效果。四是活动结束后，要及时总结，认真分析成功和失败的经验，为下次活动提供借鉴。还要将活动过程中的有关材料仔细收集、分类归档，特别是第一手资料，更加不能放过。

#### 3.写好一份课题学期总结

总结本课题在本学期所采取的措施，对积累的材料进行系统的分析，全面整理本课题的成果，包括对活动内容的分析、专题报告的回顾、常规内容的分类、论文课件的编排等，理清线索，归纳规律，写出一份具有本学期本课题特色的总结，为以后的研究提供借鉴。

**4.完成一篇与课题相关的论文**

论文是课题研究成果的一项重要体现指标，因此要充分重视该指标，保证每位课题研究成员都能完成至少一篇论文，根据自己对实施课题的理解，根据自己在实施课题过程中的体会，深入实际，结合理论，写出自己的独特见解。

**5.设计一份与课题有关的教案或课件**

可以结合举行的活动，设计出一份与课题有关的教案或课件，要尽量体现出自己研究课题的先进性与独创性，尽量体现出课题的研究特点，尽量体现出课题的实际作用，让别人在教案或课件中，明白本课题的新思路。

# 第四节　中小学心理健康教育模式的保障机制

中小学心理健康教育模式的研究要持续地推进，必须有一套保障机制。优秀教学资源是中小学心理健康教育的堡垒，也是心理健康教育模式的坚强后盾。

中小学校开展心理健康教育，有助于广大教育工作者树立以育人为本的教育观念，为中小学德育开拓途径、丰富内容和改善方法。加强中小学心理健康教育是构建现代德育体系、提高德育科学性和实效性的需要。各级教育行政部门和中小学校要从改革学校德育工作、全面推进素质教育、为加快实现社会主义现代化培养高素质人才的高度，充分认识心理健康教育在学校教育中的重要地位，加强领导和管理，切实有效地开展心理健康教育。具体地指出了心理健康教育与德育的关系，并提出探索中小学心理健康教育的途径、内容、方法的要求。

## 一、优秀教学资源为中小学心理健康教育模式提供指引

中小学心理健康教育内容纷繁复杂，千头万绪，如何进行归纳整理呢？通过建立中小学心理健康教育优秀教学资源库，恰到好处地解决了这一难题。

以心理健康教育类别为纵向线索，以主题心理活动为横向线索，建立纵横交错的心理健康教育优秀教学资源网络系统、书库系统，为心理健康教育提供索引，清晰地指明了心理健康教育的内容体系。

（一）纵向的以类别为主

主要从六个方面进行分类：活动课、个案辅导、团体辅导、网络辅导、课题研究、心理常识。具体内容如下：活动课主要由活动目标、知识准备、活动设计、活动建议等方面组成，包含课前准备材料、教案、课件、录像等内容；个案辅导主要由案主身份、个案缘起、问题行为、个案背景资料、分析与诊断、辅导策略、辅导经过、追踪辅导、检讨与建议等部分组成；团体辅导包含辅导准备、辅导方法、辅导过程等内容；网络辅导主要指通过短信互动、预约聊天、心理论坛、心理留言等方式积累起来的心理健康教育资料；课题研究是指依据科研课题的方法，从课题方案、研究策略、研究方法、研究成果、结题报告等方面展示心理健康教育的材料；心理常识则主要是为师资培训作基础知识准备的，收集心理健康教育常用的内容，为教师学习提供参考。

（二）横向的以主题心理活动为主

主要从六个方面进行中小学的主题心理活动：学习辅导、智力开发、情绪陶冶、个性塑造、品行培养、适应训练。具体内容如下：学习辅导，即端正学习态度，增强学习兴趣，培养良好习惯，提高学习与考试技能，纠正不良学习习惯等；智力开发，即集中注意力，增强观察力，提高记忆力，培养想象力和思维能力，开发创造力等；情绪陶冶，即识别认识情绪、体察感受情绪、沟通交流情感、强化积极情绪、排解消极情绪等；个性塑造，即发展积极的自我意识，了解优良性格的特征和意义、认识性格缺陷的表现及危害等；品行培养，即深化道德认识、激发道德情感、规范道德行为、克服不良生活习惯与行为方式等；适应训练，即人际交往指导、自我调控学习、思维品质训练、耐挫折力训练、青春期心理保健等。

## 二、优秀教学资源为中小学心理健康教育模式提供素材

心理健康教育是一个新兴的学科，怎样开展课堂教学、怎样进行个案研究、怎样进行团体辅导、怎样进行师资培训等方面都还没有充足的现成经验，优秀的教学资源汇聚了各方面的作品，为心理健康教育提供各种素材，促进心理健康教育深入开展。

### （一）对于学生辅导，优秀教学资源是良师益友

无论是上活动课，还是进行个案辅导，无论是通过网络进行心理咨询，还是利用课余时间进行小团体辅导，优秀教学资源都可以随时为辅导人员提供帮助。从辅导的内容上，为教师及时送上丰富多彩的资料；从辅导的手段上，为教师献上课件、录像等参考，使辅导人员更加得心应手。

### （二）对于教师培训，优秀教学资源是重要基地

广东省《中小学心理健康教育发展"十二五"规划》指出："师资队伍建设、使用和管理也有待于进一步规范。心理健康教育教师的专业知识和实际能力不能达到要求；相当部分学校还无专职心理教育老师和受过培训的兼职教师；心理教师的使用、待遇和管理方面还不很规范。"因此，"努力建设一支专、兼职心理辅导教师为骨干的心理健康教育师资队伍；要加强中小学校教师的培训，普遍提高他们的心理健康教育知识素养，将心理健康教育自觉地运用和渗透到教学教育工作之中。"对于教师培训，对于提高教师心理健康教育水平，优秀的教学资源库无疑是一泓甘泉，随时随地为老师"解渴"。

## 三、优秀教学资源为中小学心理健康教育模式提供方法

在对优秀教学资源进行研究的过程中，我们不难发现，它给大家提供了不少有用的教学方法、辅导技巧。只要稍加分类整理，顿时我们眼前一亮，原来心理健康教育还有那么多的"法术"，还用担心不会教吗？

1. 表演法

在《同学成功我高兴》一课中，为了让学生明白忌妒现象的不良影响，让学生表演短剧。在惟妙惟肖的演绎中，学生深深了解到忌妒不得人心，严重破坏团结，干扰正常的学习与生活，是一种必须要戒除的心理。

2. 游戏法

在《真正的友谊》一课中，从"握住我的手"游戏导入：分别请两位同学站在教室门前，蒙住眼睛扮演被助者，然后由助人者试着用各种方式去引导被助者回到自己的座位；被助者坐下后拿下眼罩，看看自己的引导者是谁。最后让他们分别说说感受。游戏开始，学生迅速进入角色。

3. 调查法

调查是心理健康教育常用的手段，它可以针对某个问题、现象收集大家的看法、解决办法，在某种程度上能代表一定的多数人观点。根据调查的结果，有针对性地实施心理健康教育，可以起到有的放矢、一针见血的效果。

4. 谈心法

在心理健康教育活动课上，在平时的个别辅导中，谈心是常用的方法。与学生促膝谈心，自然和谐；与教师无拘交流、真情流露；与家长和悦细聊，明了始末。总之，谈心是心理健康教育的"常青法"。

5. 辩论法

在《自信是成功的基石》一课中，教师为达到让学生懂得世间万物都是相对的，应该"一分为二"地全面地看待事物，明白"要自信，不自大"的目标，巧妙地将学生分成正反两方，各自收集相关的材料，就自信是否是成功的基石展开针锋相对的辩论。同学们在激烈的辩论中，不断进行知识、思维的撞击，逐渐让学生明白任何问题都应该一分为二地对待：自信心是一个人成长不可缺少的一种重要心理品质，应当培养学生的自信心，使他们克服自卑感；同时，不能盲目自大、固执己见、骄傲自满、自以为是。自信心的培养是必不可少的，而采用"辩论法"进行，则让学生更深刻、更客观地领悟到"自信"的正确观念。

当然，在心理健康教育中，还有通过比赛、竞争而让其明白道理的竞赛

法，还有放映相关片段的影片法，还有利用优美曲子作渲染的音乐法，有采取做小实验的实验法等

## 四、优秀教学资源为中小学心理健康教育模式提供途径

从优秀教学资源中，可以探索出实施心理健康教育的多种途径。从教育的范围、地点、对象、形式等方面，都可以找出心理健康教育的可行之法，科学地利用和正确地开展这些途径，对推动心理健康教育起到不可估量的作用。

### （一）从教育的范围可分为课内、课外两种

在学校进行心理健康教育，课堂教学是其中一个主阵地，它是落实中小学心理健康教育任务的"常规武器"。而课外辅导，包括个别辅导、小团体辅导等，也是心理健康教育一个不可缺少的环节。

### （二）从活动的地点可分为学校、社区两种

随着心理健康教育的深入开展，不仅在学校要对学生进行系统的、有针对性的训练，而且在社区也要对人群进行必要的心理健康教育常识普及，让所有参与教育的人们，对心理健康教育有基本的认识，实现教育全社会的合理化。

### （三）从教育的对象可分为学生、教师、家长三种

学生自然是心理健康教育的主要对象，但教育学生的教师如果对心理健康教育知识一无所知，或者一知半解，对于教育学生或者对于他自己，同样是危险的。要想使教育更具成效，家长掌握必要的心理健康教育知识，在当前教育形势下，已是迫在眉睫。

### （四）从教育的形式可分为个别、团体两种

不论是对于学生，还是对于教师、家长，个别辅导、团体辅导都是常用的方式。个别辅导能最大限度地因材施教，有针对性地解决个体问题；团体辅导可以就共同存在于某一群体的问题统一解决，实现大范围的教育面。

## 五、优秀教学资源为中小学心理健康教育模式提供评价

一堂心理健康教育活动课怎样才能算成功？现在没有统一的评价标准，优秀教学资源可以充当其中的"裁判"。从优秀教学资源里选取类似的活动课教案、录像，分别就知识准备、教学设计、教学过程、教学方法、辅导艺术等方面进行综合比较，孰优孰劣可见一斑。

个案研究也是心理健康教育的主要内容，怎样来评定辅导成功与否呢？优秀教学资源也可以提供借鉴，在行为判定、辅导策略、辅导经过、辅导效果等方面进行比较分析，判断个案辅导是否符合要求、规律。

课题研究是心理健康教育的一项重要内容，研究的方法是否恰当、研究的经过是否有效、研究的成果是否有价值，通过优秀教学资源里相同的内容进行比较，也可以给心理健康教师提供一定的参考。

# 参考文献

[1] 崔景贵，顾进法，陈同清，等. 职校生心理健康教育模式研究 [M]. 北京：知识产权出版社，2014.

[2] 陈建新，鲁婷. 中小学生心理健康教育 [M]. 武汉：华中科学技术大学出版社，2020.

[3] 叶一舵. 中小学心理健康教育教程 [M]. 福州：福建教育出版社，2015.

[4] 河南省基础教育教学研究室. 小学心理健康教育课程设计与教学指导 [M]. 郑州：大象出版社，2019.

[5] 周天梅，吴忠才. 小学心理健康教育原理与实践 [M]. 武汉：武汉大学出版社，2014.

[6] 韦志中，敖文利，张学梅，等. 中学心理健康教育 [M]. 北京：中国轻工业出版社，2015.

[7] 王会平. 中学心理健康教育教学设计 [M]. 长春：东北师范大学出版社，2006.

[8] 王亚楠. 大学心理健康教程 [M]. 西安：西安电子科技大学出版社，2018.

[9] 李远. 中小学心理健康教育操作实务 [M]. 太原：希望出版社，2015.

[10] 王雪芹，邵宝文. 大学生心理健康翻转课堂教学模式研究 [J]. 现代交际，2021（16）：26-28.

[11] 周亮，董一霏. 创建大学生心理健康教育模式的理论分析 [J]. 华东纸业，2021，51（04）：83-86.

[12] 胡卫悦. 新形势下地方高校学生管理模式创新 [J]. 就业与保障，2021（14）：169-170.

[13] 秦波. 校企合作背景下大学生心理健康教育模式创新研究 [J]. 中外企业文化，2021（07）：169-170.

[14] 黄伟庆. 家校协同模式的大学生心理健康教育方式研究 [J]. 创新创业理论研究与实践，2021，4（12）：154-157.

[15] 宋欣欣. 心理健康教育模式对初中生学业倦怠的干预研究 [D]. 延安大学，2021.

[16] 冯墨女. 积极心理学视域下中小学心理健康教育模式探索 [J]. 长春师范大学学报，2021，40（04）：144-147.

[17] 王兰. "三全育人"视域下大学生心理健康教育模式的创新路径 [J]. 科教文汇（中旬刊），2021（03）：169-170.

[18] 郭凯娟. 传统文化视阈下高校学生心理健康教育模式构建的思考 [J]. 新疆广播电视大学学报，2021，25（01）：58-62.

[19] 王璨，夏娴，孙艳玲. 国内中小学心理健康教育模式发展趋势探讨 [J]. 新智慧，2021（08）：3-4.

[20] 夏娴，孙艳玲，王璨. 中学心理健康教育模式研究 [J]. 新智慧，2021（08）：45-46.

[21] 陈冲. 中小学心理健康教育模式初探 [J]. 宁夏教育，2020（02）：71-72.

[22] 刘宁. 构建大数据背景下的中小学心理健康教育新模式 [J]. 江苏教育，2019（80）：1.

[23] 程少波. 基于大数据的中小学教师心理健康教育模式 [J]. 教育研究与实验，2019（05）：93-96.

[24] 王立云. 新形势下中小学心理健康教育模式探究 [J]. 学周刊，2019（29）：52.

[25] 李靖怡，白冬青. 中小学心理健康教育课程的现状分析与优化策略 [J]. 科学大众（科学教育），2019（06）：5，73.

[26] 王诗语. 中小学心理健康教育课程评价模式述评 [J]. 当代家庭教育，2019（04）：183.

[27] 奚春美. 新课程背景下中小学心理健康教育模式探析 [J]. 林区教学，2018（08）：114-116.

[28] 高婕. 中职学生心理健康问题及教育策略研究 [D]. 天津职业技术师范大学，2018.

[29] 梁悦. 中小学心理健康教育模式构建 [J]. 教育现代化，2017，4（31）：137-138.

[30] 孙淑玲. 关于中小学心理健康教育工作模式探究 [J]. 赤子（上中旬），2017（02）：265.

[31] 张静，欧何生，黄丹媚. 大、中、小学心理健康教育模式的衔接与贯通研究 [J]. 黑龙江教育学院学报，2016，35（04）：81-82.

[32] 严秀英，崔美玉. 中小学心理健康课教学模式的创新研究 [J]. 现代教育科学，2015（10）：142-144.

[33] 李岩. 大学生心理健康教育整合模式研究 [D]. 辽宁师范大学，2014.

[34] 李敏. 研究生心理健康教育模式构建研究 [D]. 武汉理工大学，2013.

[35] 向巍. 中小学心理健康教育活动课程教学模式探析 [J]. 吉林省教育学院学报（中旬），2012，28（12）：105-107.

[36] 刘霞. 大学生心理健康教育课程自主探究学习模式研究 [D]. 广西师范学院，2012.

[37] 田仁波. 高校心理健康教育模式的理论研究 [D]. 西南政法大学，2008.

[38] 陈国胜. 中小学多元心理健康教育模式探究 [D]. 华中师范大学，2007.

[39] 潘珊红. 新课程背景下中小学心理健康教育模式研究 [D]. 福建师范大学，2007.

[40]　孙竟猛. 大学生心理健康教育模式探索 [D]. 哈尔滨工程大学，2005.

[41]　陈俊. 中学心理健康教育与化学教学整合模式的初探 [D]. 江西师范大学，2005.

[42]　张达红. 论小学心理健康教育中的家校合作 [D]. 福建师范大学，2003.

[43]　沈熊珠. 重点高中学校心理健康教育模式研究 [D]. 华东师范大学，2001.